ŒUVRES POÉTIQUES

DE

ANDRÉ DE CHÉNIER

Avec une notice et des notes

PAR

RAOUL GUILLARD

TOME PREMIER

PARIS

ALPHONSE LEMERRE, ÉDITEUR

23-31, PASSAGE CHOISEUL, 23-31

M DCCC XCIX

OEUVRES POÉTIQUES

DE

ANDRÉ DE CHÉNIER

OEUVRES POÉTIQUES

DE

ANDRÉ DE CHÉNIER

Avec une notice et des notes

PAR

RAOUL GUILLARD

TOME PREMIER

PARIS

ALPHONSE LEMERRE, ÉDITEUR

23-31, PASSAGE CHOISEUL, 23-31

—

M DCCC XCIX

PRÉFACE

PRÉFACE

ANDRÉ CHÉNIER *naquit le 30 octobre 1762, à Constantinople, où son père qui avait quitté la France pour faire fortune, était devenu consul général et s'était marié avec une grecque, Mlle Santi-L'Homaka. Huit ans plus tard, l'enfant revint en France, chez une tante, Marie de Chénier, dans le Languedoc, et la nature de ce pays méridional frappa vivement son imagination.*

La pureté du ciel, les collines aux arêtes sèches, la limpide lumière des horizons rappelaient la Grèce dont il était un peu le fils, et son paganisme naissant se plai-

sait à y évoquer l'antiquité avec la majesté des sacrifices religieux ou la poésie des scènes bucoliques.

Au cours d'une promenade, à la vue de deux statuettes de madone posées près d'une source, l'espoir lui vient de se choisir un jour un asile où il pourra élever, à côté d'une fontaine, une statue aux nymphes, et s'il rappelle plus tard encore « les beaux vallons de Nîmes » et « la retraite charmante de Vaucluse », c'est qu'il leur devait la fraîcheur et le charme de ses premières impressions de nature.

Son arrivée au collège de Navarre, en 1773, avec ses trois frères, Constantin-Xavier, Louis-Sauveur et Marie-Joseph, lui valut l'amitié du chevalier de Fondat, celle des de Pange et des Trudaine.

Les jours de congé, il lisait les poètes grecs et latins; s'appliquait à les étudier et, à seize ans, il traduisait et imitait déjà Homère ou Virgile. En 1781, à sa sortie du collège, il compléta son instruction, relut avec soin ses auteurs favoris, pratiqua les poètes français, et notamment Malherbe, dont il entreprit alors les Commentaires.

M*me* de Chénier, sa mère, s'était installée à Paris en 1773 et elle avait ouvert un salon fréquenté par David, Le Brun, Lavoisier, Palissot, Suard, etc. Chénier les connut. La variété de leurs conversations l'intéressait à tous les sujets. Il prit d'eux le goût de la science et aussi celui des littératures étrangères. Le Brun fut son maître et il commença la peinture avec David. Ses recherches et son idéal de poème scientifique prouvent assez l'influence de ses autres conseillers.

En 1782, il entra comme cadet au régiment d'Angoumois, qui tenait garnison à Strasbourg. Il eut la bonne fortune de rencontrer dans cette ville le marquis de Brazais et Brunck, qui lui apporta ses Analecta, déjà célèbres à leur apparition. L'exemple et l'affection de ce philologue devaient le rapprocher des modèles antiques et l'officier consacrait à leur lecture les loisirs du service. Il souffrait depuis longtemps de la gravelle; une crise violente l'affaiblit au point que les Trudaine jugèrent à propos de l'emmener avec eux en Suisse et en Italie. Les fatigues du voyage l'empêchèrent de pousser plus loin, du côté de l'Asie-Mineure et de la Grèce, comme il en avait été question d'abord. A son retour il continua la vie facile et joyeuse de ses contemporains, dont Rétif a tracé la complaisante peinture, et qui dura jusqu'à son départ pour l'Angleterre, en qualité de secrétaire d'ambassade.

Le commerce constant des écrivains antiques, dont les éditions étaient nombreuses alors dans les bibliothèques de la Grande-Bretagne, l'aida à combattre la nostalgie, et son séjour forcé lui servit à se familiariser avec les auteurs anglais, avec Shakespeare et Milton comme avec Pope.

Il revint à Paris en 1789, le quitta encore et, pendant cette absence, étudia les poètes bucoliques italiens, Nicolas Parthénius, Baldi, Sannazar. A son retour définitif en 1790, sa vie d'études prit fin; l'ardeur de son âme lui interdisait l'inaction et le désintéressement des choses publiques. Il se trouva, avec Condorcet et Dupont de Nemours, membre de la Société de 89 et se déclara l'en-

nemi de Robespierre et de Collot d'Herbois. Il se présenta aux élections de 91 et échoua; ce fut alors qu'il se sépara de son frère Marie-Joseph, comme il devait un peu plus tard quitter ses premiers amis politiques.

Il écrivit un Avis aux Français « sur leurs véritables ennemis » puis un pamphlet « sur les désordres qui arrêtent le rétablissement de la liberté » (février 92). En avril, il dénonça à l'indignation publique l'odieux triomphe des Suisses de Châteauvieux, pillards et indisciplinés. Il réclama la punition des assassins du général Dillon, rédigea une adresse du roi à l'Assemblée, puis lassé, il resta à l'écart et séjourna tour à tour à Paris, à Louveciennes, à Saint-Germain, à Forges, à Rouen, au Havre et à Versailles où il connut Mme Laurent Lecoulteux, la Fanny de ses derniers vers.

A la mort de Marat, son Ode à Charlotte Corday avait répondu à l'hymne de Xavier Audoin.

Il revint à Paris chez son père et fut arrêté au cours d'une perquisition dans une maison de Passy, chez Mme Piscatory (mars 94).

Conduit au Luxembourg, puis à Saint-Lazare, il rencontra dans cette dernière prison, le comte de Vergenne, le prince de Broglie, Roucher, les Trudaine, Mlle de Coigny. Pendant que la vie factice du régime agonisant s'y poursuivait, au milieu des distractions improvisées, de la galanterie et de la préciosité des conversations, Roucher s'occupait de botanique et traduisait Pope et Thomson, Chénier écrivait ses derniers vers et correspondait avec sa famille. L'oubli pouvait le sauver. Une double et malheureuse intervention de son père auprès du Comité de Salut Public et de la Commission chargée de l'examen des détentions, le signala à la rancune vivace de Collot d'Herbois et de Robespierre. Le 6 thermidor, Chénier fut écroué à la Conciergerie et le 7, deux jours avant la fin de la Terreur, exécuté à la barrière du Trône.

La vie de Chénier fut celle d'un païen en littérature et d'un stoïcien en politique. Païen, il l'était presque d'origine. Il avait la sensibilité, la curiosité, caractéristiques du génie antique; il en avait aussi la souplesse. Poète, il écrivait des critiques sur Aristophane, des scoliastes de Théocrite ou de Callimaque, faisait pour Sannazar des vers latins précédés d'un distique en grec dorien, des vers grecs pour de jeunes Anglaises, italiens pour Mme Cosway. A vingt ans, avant d'aller à l'Opéra, il improvise et annote quatre-vingt-dix vers où se mêlent les menus détails des légendes héroïques, familières aux seuls hellénistes. Il a aimé la beauté, les femmes; honoré l'amitié. Ce paganisme l'a gardé sincère et original dans un temps d'imitations factices, et le goût de l'antiquité, en le guidant dans la lecture des œuvres étrangères modernes, l'a sauvé des exagérations et des engouements à la mode.

Parmi les contemporains, il a été un des rares hommes capables de conviction; il a mis d'accord ses actes et ses paroles à une époque où il était de mode et d'intérêt de n'avoir pas d'idées arrêtées. Le siècle s'était payé de phrases séduisantes et creuses. A l'heure de l'action, les plus fougueux théoriciens se sont montrés les plus irrésolus : tous ont sacrifié aux événements et aux circonstances. — *Chénier a eu le bonheur et la gloire d'avoir une foi, au milieu de l'incrédulité et de la faiblesse générales.*

Le bonheur ? parce que cette foi a affranchi l'homme des préjugés et le poète des conventions littéraires.

La gloire ? elle s'affirme par la comparaison de Chénier avec ses contemporains.

Le Brun a célébré, sur le même ton lyrique, l'amour des Français pour leur roi, le ministère Calonne, la Terreur et Napoléon.

David a peint, sur l'ordre de Louis XVI, son Brutus, *et peu après,* le Serment du Jeu de Paume *et* la mort de Lepelletier *assassiné « pour avoir voté la mort du tyran », ce qui ne l'a point empêché d'exécuter, à la prière de l'empereur, le tableau du* Couronnement.

**
* ***

Le contact brutal de la vie a donné à la poésie de Chénier son véritable essor.

Pour le poète latin :

    Indignatio facit versus.

L'amour avec la haine ont inspiré son rival moderne, qui a été un homme de son siècle et un poète de tous les temps. Ces deux êtres en lui se combattaient et se neu-

tralisaient sans cesse. Le second aurait été étouffé et Chénier était destiné à être un auteur aimable et correct, en tous cas incomplet, s'il n'avait pas été un citoyen.

Rappelez-vous ces salons de l'ancien régime avec leurs trumeaux, leurs plafonds à lustres allumés, leurs glaces, leurs vitrines qui protègent la fragilité des Saxes, au-dessous des pastels appendus aux boiseries dorées; un monde parfumé et poudré les remplit de sa frivolité et de ses babillages et toute cette grâce attifée et mignarde vit dans une atmosphère artificielle et affadie.

Chénier y est venu comme Parny, Bertin ou Deguerle; mais son talent plus libre que celui de ses contemporains y étouffait, jusqu'au jour où, les portes cédant sous la poussée populaire, un tourbillon de vent glacé éteignit brusquement les bougies, chassa les parfums et les paroles dans l'obscurité sinistre de la nuit!

La plupart des Élégies et les Poèmes, comme l'Hermès, Suzanne, l'Invention, *font de Chénier un écrivain du* XVIIIe *siècle.*

Il eut quelques-uns des goûts de l'époque, mais atténués et épurés; s'il sacrifia à la mode, ce fut moins par enthousiasme que par entrainement et imitation.

Sa théorie de l'amour est celle du temps. L'épicurisme, en faveur depuis Chaulieu, est plus que jamais de mise. Parny, qui s'avouait disciple de cette religion sensualiste, avait aimé Éléonore; Bertin, Eucharis et Calilie; Lebrun, Délie, Églé, Zélie, Céphise, Zelmis, etc; Chénier connut et chanta tour à tour, Glycère et Rose, Lycoris et Camille.

Il pense avec Parny :

L'amour est un devoir.

et avec Bertin :

Hâtons-nous de jouir.

Les Élégies ne sont souvent que la paraphrase de ce Credo. Le genre était en faveur et la douleur des amants en était un des thèmes favoris.

Pourtant, ce Chénier, si capable de mélancolie et de sensibilité, semble gêné dans l'expression de l'amour convenu. Sa passion manque d'ardeur et d'enthousiasme, comparée par exemple à celle de Musset; elle reste à fleur de peau, elle se plaît aux pointes et aux allégories mythologiques. Chénier s'en tient aux petits dieux de Boucher, porteurs de flambeaux, de chaînes et de dards... La facilité et la grâce du vers ont peine à dissimuler l'embarras de la pensée.

Dans cette concession à la mode, n'y aurait-il pas surtout du dilettantisme littéraire?

Vivamus, mea Lesbia, atque amemus,

disait Catulle.

La communauté d'une vie ardente et sensuelle avec un de ses modèles avait dû séduire Chénier, et son esprit plus que son cœur. Il a beau souhaiter de mourir plutôt que de vivre sans aimer. L'abondance de ses protestations les rend suspectes, quand on songe surtout à ses fréquents découragements. Il est malade et aspire au repos moral : il a même des regrets.

« *Si j'avais vécu dans ce temps-là,* — *un peu avant Auguste — dit-il,* je n'aurais point fait des Art d'Aimer, des poésies molles, amoureuses. »

Enfin, tandis que chez Bertin ou Parny, les images licencieuses sont cherchées et soigneusement accumulées, elles apparaissent plus rares et plus décentes dans les vers de Chénier. Il n'aime peut-être pas plus profondément que ses amis, mais il montre plus de pudeur et de discrétion. Il ne prend du libertinage que ce qu'il en faut pour se conformer aux lois du genre, car dans la pratique, Chénier est bien plutôt un voluptueux sentimental.

L'amour de la campagne et le goût des pastorales sont chers aux civilisations avancées et déjà déclinantes. Le retour à la nature, préconisé par Rousseau, fut affaire de mode pour la société oisive et blasée de la fin du XVIII*e siècle. Marie-Antoinette faisait construire Trianon et jouait à la villageoise d'opéra-comique dans sa laiterie et ses basses-cours.*

La Fontaine appelait la solitude et sa douceur secrète, Horace s'écriait :

O rus, quando te aspiciam !

Ils s'isolaient de leurs contemporains et leur sincérité excitait, sinon le dédain, tout au moins l'étonnement. A la fin du siècle dernier, le goût de la vie champêtre est devenu un lieu commun facile et usé. Bertin souhaitait de dételer lui-même ses bœufs, de tracer des sillons, de soigner ses abeilles et de ranger ses fruitiers; il rappelait avec regret ces temps heureux, où les mortels,

A peu de frais contentaient leurs besoins.

Parny ne restait pas en arrière et écrivait la Journée Champêtre. *Chénier reprit la même idée.*

Tout en le croyant plus sincère, on peut craindre qu'il n'ait compris la campagne que peuplée de bergers de convention et de paysages enjolivés. Malgré ses désirs d'humble chaumière, il n'y a qu'un aimable exercice de rhétorique dans la pièce où il ambitionne d'être né en Suisse pour y jouer le Ranz des Vaches *et vivre, dans un châlet, de fruits et de laitage, avec une rustique épouse, qui lui chanterait,*

Les airs que lui chantait sa mère.

Comme l'usurier latin d'Horace, il se connaissait assez pour ne pas s'illusionner sur la réalisation de ce vœu. Sa délicatesse native se serait mal accommodée d'un tel régime.

Ducis, lui aussi, amant de la nature, avait aux champs bonne maison et bonne cave.

Du reste, le modèle de Chénier n'était pas à proprement parler Théocrite, ou du moins, c'était un Théocrite entrevu à travers Ovide et Virgile.

Le réalisme des paysans du poète de Cos, la grâce sauvage de leurs amours, la violence de leurs passions, auraient surpris et effarouché l'urbanité et la coquetterie des salons. L'honnête talent de Gessner satisfaisait mieux la sentimentalité de l'époque et ses velléités campagnardes. La Suisse parlait à l'imagination de Chénier même, de vie rustique et de liberté, et ces deux tendances s'étaient déjà confondues dans l'esprit de Rousseau.

Ainsi que le philosophe, le poète voulait l'affranchissement physique et moral de l'individu, ce qui explique, sinon son athéisme, du moins son indifférence religieuse. La lecture de Sénèque, l'histoire de Brutus ou de Caton avaient séduit toute cette génération.

Roucher, admirateur du de Tranquillitate animi *ou du* de Constantia *écrivait de sa prison, en parlant de ses bourreaux :* « Mon âme leur échappe, je l'ai sauvée de leur persécution en la plaçant dans la philosophie. » *C'est le* « templa serena » *de Lucrèce, qui fut aussi un des maîtres de Chénier. Au début de sa jeunesse, il avait de même admiré dans Lebrun le Pindare moderne, et surtout, le chantre de la Liberté.*

André Chénier prêcha dans l'Amérique la parfaite égalité de tous les cultes. Les Élégies *parlent bien de destins et de Dieux, mais ce sont là de simples expressions du vocabulaire poétique, consacrées par l'usage et sans valeur ; il n'attaque pas la religion, il n'en parle pas. Dans une pièce où il se fait son oraison funèbre, il veut qu'on rappelle sa bonté, sa sensibilité, sa sincérité. De croyances, il n'y a pas trace.*

Il doit à la tradition païenne, la foi de sa vie, l'amitié. Elle protège contre la mauvaise fortune, dit-il à Lebrun ; l'espoir d'être pleuré est sa dernière consolation.

L'isolement lui paraît égoïste et de mauvais augure, car Bavus et Zoïle, Gacon et Linière,

Vécurent sans maîtresse et n'eurent pas d'amis.

Il aime pour aimer, comme un croyant.
Sur ce point-là encore, il a été supérieur à ses contemporains par son tact et sa franchise; il n'a fatigué personne de ses déclamations et de ses théories, il est resté dans les questions brûlantes de littérature politique un homme de bonne compagnie.

* * *

Il n'était guère possible à Chénier d'échapper à l'imitation. Le goût du factice avait envahi tous les esprits et corrompu les sentiments. Il fallait rajeunir les genres dont le thème risquait de devenir monotone. Des poètes suppléèrent alors à l'inspiration par l'abus des citations grecques ou latines. Chénier, nourri d'antiquité, essaya de réagir contre cet esclavage et de chercher l'originalité dans une assimilation intelligente.

A une époque de raffinement, les grands modèles sont abandonnés. Lebrun disait:

Plus de Pindares, plus d'Horaces!
La lyre cède au flageolet;
Nous avons de petites grâces
Un petit goût bien frivolet.

> En liseré, Minerve brode.
> Le sublime est passé de mode,
> L'Amour des riens l'a supprimé.
> Et l'on préfère au chant de l'ode
> La Charade et le bout-rimé.
>
> *Ép.* V, xxxii.

La tragédie de Voltaire n'a que de lointains rapports avec celle des classiques; Dancourt n'est qu'un pâle reflet de Molière, mais la comédie de Marivaux triomphe. Homère est trop rébarbatif pour le xviiie *siècle à qui plaisent Ovide et les petits vers de ses imitateurs français. Ce retour à la préciosité et à la grâce facile ne favorisait que les productions secondaires.*

Chénier suivit les Grecs et ne choisit pas seulement les maîtres, mais Apollonius, mais Callimaque, mais Moschus, tous les alexandrins; il aime plus encore les latins au génie docile et aimable, Properce, Catulle, Tibulle, après Ovide et Virgile.

Il a leur facilité et leur grâce un peu molle, et, en même temps il ressemble assez aux alexandrins dont un travail intérieur fond dans une même pièce plusieurs éléments disparates. Le plus souvent un passage d'un vieil auteur lui suggère une comparaison qui le conduit à une idée originale. Jamais, il n'a été jusqu'à copier ses prédécesseurs, à l'exemple de Berlin ou de Deguerle surtout, qui pilla Phèdre. *Il a essayé toutefois d'excuser ses emprunts à l'antiquité, en invoquant le souvenir de La Fontaine, admirateur lui aussi des Grecs et des Latins. Mais, pour Chénier, la curiosité n'est pas là; elle* est dans le choix presque exclusif des auteurs de décadence. La Fontaine disait bien :

> Mon imitation n'est point un esclavage,

et prenait soin d'ajouter :

> Térence est dans mes mains ; je m'instruis dans Horace,
> Homère et son rival sont mes dieux du Parnasse.

Cette imitation est plus ou moins celle de tous les poètes, dans tous les temps ; mais la transformation des poètes de l'Anthologie ou d'Ovide en modèles et en guides caractérise une époque et des individus.

L'usage de la périphrase et des épithètes parfois incolores ou malheureuses rattache Chénier à son siècle. L'huile est la liqueur de l'olive ; l'art de Machaon, c'est la médecine ; le bouc devient l'impur et fier époux que la chèvre désire ; le lit, le duvet. Son excuse se trouve dans les craintes et les pudeurs d'un Delille ou d'un du Belloy et il n'a pas à se reprocher certains passages des Géorgiques ou le discours d'Eustache de Saint-Pierre aux bourgeois de Calais.

En écrivant des poèmes, Chénier suivait la mode. Pris entre le souci de plaire et les nouvelles idées de science, les auteurs écrivent des manuels à l'usage des gens du bel air. Déjà Fontenelle avait mis à leur portée l'astronomie dans la Pluralité des Mondes. Les femmes se mêlent de recherches et le temps des Bélises ou des Armandes semble revenu. L'habileté des poètes s'exerce sur les sujets *les plus prosaïques. Dorat chante* la Déclamation, *Watelet,* la Peinture ; *Saint-Lambert, Delille, Roucher se spécialisent dans la description. Parny ne dédaigne pas de célébrer l'oignon ou l'auricule !*

Le temps eût peut-être fait de Chénier un poète didactique. Il glissait sur cette pente et se laissait séduire volontiers par les traditions de la poésie alexandrine. Pénétré de l'esprit contemporain, il ne voyait dans l'antinomie de la science et de la poésie qu'une apparence. Il ne voulait pas comprendre que l'une est œuvre de réalité et l'autre œuvre d'imagination, que le rôle des poètes consiste moins à prouver qu'à charmer et à émouvoir. La création littéraire qui prétend à la rigueur scientifique est fatalement d'un poète fâcheux ou d'un médiocre savant.

Chénier avait connu Lamarck, Cabanis, Condorcet et dans son Hermès, *il exposa le plus clairement possible les doctrines évolutionnistes et déterministes, la théorie des milieux qu'il développa ailleurs dans un parallèle du génie anglais et de la nature physique du pays ; et il tomba dans les digressions ordinaires sur la superstition et la politique d'après le* Contrat Social. *Le poème didactique est un genre hybride et artificiel dont les moindres défauts sont la périphrase et la subtilité. Dans son plan sur l'Amérique, Chénier était obligé, pour soutenir l'action, d'imiter, en la modernisant, la comparaison homérique du bouclier d'Achille.*

Comme ses contemporains, sans idée maîtresse, il s'attachait à des minuties de détail qui trahissent seulement le décousu de la composition et le manque d'inspiration. Dans son Art d'Aimer, il ne put que rajeunir la traduction d'Ovide par des allusions contemporaines ou paraphraser encore certaines élégies. Son Hermès, malgré les dix ans de travaux qu'il lui coûta et les autres poèmes valent peu, comparés à l'Invention.

A une époque de théories, Chénier développe sa doctrine littéraire dans une sorte d'Art Poétique comparable à ceux d'Horace et de Boileau; à deux siècles d'intervalle, il reprend l'œuvre de la Pléiade, il grécise et latinise comme Ronsard, mais avec un tact plus intelligent et plus sûr. Fort de sa jeunesse, il rêve d'être à la fois le chef et le porte-parole de sa réforme et de récrire une autre Défense et Illustration de la Langue française.

Seul, en effet, il avait assez pratiqué les anciens pour avoir le droit de les défendre. D'autre part, il ne déplaisait pas au critique que tout poète cache en soi, de faire indirectement œuvre satirique et morale.

Ce souci de l'enseignement et de l'utilité est bien du siècle. Avec la théorie de l'invention, Chénier donne la théorie de l'art : il prêche l'imitation de la nature en même temps que le choix des éléments; il demande la sincérité et la vérité garanties des talents durables, le goût, la probité et la dignité littéraires. C'est encore un apôtre de la raison; mais son poète idéal n'a pas seulement l'inspiration; il veut en faire le vates antique, échauffé par le dieu.

Du Bellay réclamait une épopée sur un Lancelot ou un

Tristan. Chénier s'écrie que Newton, Torricelli et Kepler,

A tout nouveau Virgile ont ouvert des trésors.

Au sujet de l'expression, une même question se pose à deux siècles de distance; le vocabulaire est-il assez riche pour se plier aux exigences de la pensée nouvelle? Du Bellay et Chénier s'indignent d'un doute possible. Le premier propose la transposition du latin en français, suivant les règles qu'il indique, le second parait songer à la paraphrase.

Théoricien littéraire, il apparait donc sous le triple aspect de classique, d'écrivain du xviiie *siècle, de poète. Il fallait être un poète en effet pour avoir seulement l'idée d'une réforme. L'audace n'était pas vulgaire, avec ses exagérations et ses utopies, puisque les hommes qui ont osé entreprendre cette réforme s'appellent Ronsard ou V. Hugo.*

* * *

Un autre Chénier, plus libre, plus original, se montre à côté du chantre de Camille ou de l'admirateur de Newton, dans les Poésies Antiques, *les pièces politiques et les vers à Fanny. C'est une transformation, ce serait presque une révélation, si la manière du poète ne trahissait parfois l'influence des conventions mondaines et lit-*

téraires. Néanmoins, dans cette partie de son œuvre, ses dons d'artiste et son caractère se développent plus librement et plus heureusement.

Les Poésies Antiques *sont d'un amoureux de la forme, d'un plasticien et d'un artiste; les derniers poèmes, d'un amant et d'un homme.*

Le Chénier de *l'*Aveugle *partage avec David le goût de la beauté; il a en plus le sentiment de la couleur et de la simplicité qui lui faisait donner au peintre, son maître, de judicieux conseils pour ses tableaux. Si l'un s'applique à des copies, l'autre ne gaspille pas son talent à des pastiches. Pourtant les périphrases ne sont pas rares encore. Une arrière-saveur de la galanterie du* XVIII° *siècle affadit l'*Oaristys *comme l'influence de Rousseau, le dialogue sur la* Liberté. *Une pointe de libertinage assaisonne mainte idylle et le bocage du* Jeune Malade *est bien du temps, avec ses fleurs et son onde pure.*

Mais le début de l'Aveugle, *la vision du vieillard touchant de ses mains tremblantes la figure enfantine de ses guides, ou sa triomphale entrée dans la cité au milieu des vierges et des éphèbes, est d'une largeur inconnue à l'époque. Le mouvement, la vie, la couleur abondent dans la description du combat de Pirithoüs contre les Centaures. Le* Mendiant *traduit, avec un rare bonheur, l'idée de l'hospitalité; il est imprégné d'une verte sève antique et rappelle l'épisode célèbre d'Ulysse et de Nausicaa.*

La Jeune Tarentine *a la délicatesse et l'émotion des*

épigrammes grecques, et la chanson de Pannichys *est d'une jolie minutie de détails, dont les alexandrins avaient donné l'exemple.*

L'Hymne à la France *rejetait Chénier en pleine réalité et tout d'abord, il y semblait désorienté. La pièce offre le curieux mélange de la convention et de l'originalité. L'Océan y boit* l'urne de la Seine *et des canaux y joignent* l'une et l'autre Téthys; *voilà la langue du siècle. Mais le poète y parle aussi de la misère générale, des bastilles funèbres, de l'égalité, de la justice, des lois violées, des assassins puissants et ce n'est plus de la rhétorique.*

Les événements se précipitent; il oublie les procédés et il écrit avec son cœur et l'énergie de sa colère; il déclare une guerre courageuse et franche à l'oppression, et les hommes qu'il dénonce à l'indignation publique n'ont que le bénéfice d'un transparent anonymat. L'esprit et l'ironie qu'il avait montrés dans des divertissements littéraires, il les met au service de la satire politique et il trouve des images saisissantes, comme celle-ci, dans leur brève simplicité :

Liberté qui nous fuis, tu ne fuis point Byzance,
　Tu planes sur ses minarets!

L'Hymne à Charlotte Corday *ressemble à un chant de bravoure stoïcien, mais l'homme y trahit sa lassitude et ses découragements. La faiblesse de la nature et les légitimes révoltes de la jeunesse étaient enfin domptées par une résignation généreuse à la souffrance et un suprême besoin d'action et de vengeance.* Chénier connut à la fois les désillusions politiques, l'abandon des amitiés, la certitude de la mort prochaine, et toutes ces épreuves, auxquelles n'aurait pas résisté un talent ordinaire, l'excitèrent à la virilité. Les pièces composées à cette époque suffiraient à sa gloire. De l'œuvre de Barbier, un de ses successeurs, la postérité n'a retenu que les Iambes et le Pianto.

Les Élégies à Fanny contrastent par leur tendresse et leur émotion avec la largeur des Poésies Antiques ou des Odes. Le XVIIIe siècle n'était pas habitué à la respectueuse discrétion de l'amour. La simplicité des sentiments de Chénier se teinte alors de mélancolie et la mort d'un enfant de Mme Lecoulteux poétisait encore, en les rapprochant dans une commune douleur, les deux héros de cette idylle. Nous sommes loin des élégies qui chantaient les beautés faciles, les plaisirs et la galanterie. Fanny est l'innocence, la candeur naïve, la pudeur, et Chénier craindrait de l'offenser par l'aveu d'un désir; il ose à peine montrer à la fille de son amie une sollicitude dont la mère pourrait se troubler, mais son affection, quoique timide, n'en est pas moins chaude et sûre. L'amitié lui sert à déguiser l'amour : ni l'un ni l'autre ne devaient être dupes de ce stratagème.

Le charme de cette dernière affection transparaît dans les vers où le poète se dépeint seul, au milieu du parc de Versailles attristé, avec, pour bercer ses rêves et ses réflexions désenchantées, la fugitive image de cette Fanny que sa voix appelait dans la clarté crépusculaire des charmilles et des bosquets.

Sur la charrette qui le conduisait à la barrière du Trône, Chénier devait songer aux soirs où son cœur se contentait d'un rêve impossible et s'affranchissait de la réalité, tandis que par une sorte de fatalité prophétique, les pâles ombres des victimes du Tribunal Révolutionnaire venaient troubler son bonheur.

*
* *

Chénier usa de toutes les ressources prosodiques, et la variété de ses coupes rythmiques l'a fait juger un ancêtre des Romantiques.

Tout en reconnaissant qu'il brise l'instrument poétique en merveilleux artiste, il faut songer qu'avant lui La Fontaine et Racine même avaient donné l'exemple du vers assoupli et facile. Il n'innova pas; il continua, il perfectionna l'œuvre de ses prédécesseurs en s'inspirant de la poésie antique. Il avait le goût inné de l'harmonie. La lecture des Grecs lui découvrit la richesse d'une langue à la fois simple et merveilleusement colorée, et lui donna l'amour des beaux vers. Comme leurs architectes avaient l'intuition de la ligne et des proportions, leurs peintres ou leurs sculpteurs, celle de la plastique, il comprit ce qu'étaient l'ampleur ou la cadence poétique : il sut construire et varier les périodes.

Les exemples sont nombreux dans l'Aveugle *de cette largeur d'expression qui rappelle l'antique :*

> ... et les sons de sa voix
> Émeuvent l'air et l'onde, et le ciel et les bois.

ou encore la fin d'un discours d'Homère :

> Mais les dieux tout-puissants gardaient à mon déclin
> Les ténèbres, l'exil, l'indigence et la faim.

La forme de Chénier, si elle fait chercher des comparaisons dans l'histoire de la littérature française se rapproche plus de celle des Parnassiens que de celle des Romantiques, par sa plénitude et sa netteté. Leconte de Lisle aurait pu écrire d'Hercule sur son bûcher qu'il attend

> Sa récompense et l'heure d'être un dieu !

Mais dans la traduction des idées familières, Chénier a plus de sentiment et de sincérité. Il s'émeut plus facilement ; la mélancolie de ses impressions lui suggère des rappels virgiliens et il trouve le refrain de la Jeune Tarentine. Quand il s'emploie à la description, son vers reste poétique malgré une précise exactitude. S'il parle des abeilles, il dira :

> ... Et l'essaim conduit dans les rameaux
> Qu'un olivier voisin présente à son passage
> Pend en grappe bruyante à son amer feuillage.

Il a la vision des choses et l'énergie des comparaisons :

Les tyrans ébranlés, en hâte à leurs fronts blêmes,
Pour retenir leurs tremblants diadèmes
Portèrent leurs royales mains.

Enlevez les mots surannés dans la pièce aux Suisses de Châteauvieux, la facture est d'un maître ouvrier, surtout quand on relit, après les Églogues *ou les* Odes, *les* Élégies. *En même temps que son talent mûrissait, son rythme se perfectionnait, se pliait comme un souple osier aux difficultés nouvelles. Le vers ne perdait rien de sa grâce, ni de son charme, mais il gagnait en nervosité et en vigueur.*

*Au point de vue de la facture seule, l'*Aveugle *est un chef-d'œuvre. Chénier accommode sa forme aux genres les plus opposés et le péril d'un tel exercice était réel pour un créateur seulement habile. L'élégie prédispose mal au lyrisme des iambes et les vers de* la Lampe *contrastent étrangement avec ceux des pièces écrites à Saint-Lazare.*

Chénier, dans l'expression de sa pensée, a été encore un écrivain de son époque et un poète de tous les temps, en se rapprochant d'abord du XIX° *siècle. L'intelligence de la prosodie antique lui a donné l'intuition de la rythmique moderne. Homère, Virgile, Ovide, les alexandrins ont développé en lui le culte de la forme, la grâce délicate et sobre, l'amour de la simplicité colorée et musicale. Il doit à la douleur et à la haine la force de la concision.*

Il a eu le rare bonheur de réaliser un de ses rêves les

plus chers et de prêcher lui-même d'exemple après avoir donné aux autres ce conseil :

Sur des pensers nouveaux, faisons des vers antiques.

*
* *

Chénier fut de son temps ; ce n'est pas un grief. A la loi des milieux, combien parmi les plus grands ont échappé? Corneille aimait l'emphase et Racine a francisé les Grecs.

Le génie de Chénier n'était pas encore assez formé pour résister aux influences étrangères et sa curiosité, sa vie, le mêlaient au mouvement littéraire contemporain. Il le subit donc fatalement, mais il répugnait à cet esclavage. Parmi ses amis et ses rivaux, il s'isola dans la mesure du possible et son œuvre eut aussi une signification particulière et originale; c'était la protestation discrète d'un homme sincère contre la sécheresse générale. La fraîcheur des sentiments rajeunissait parfois l'élégie vouée à la décadence, une franchise tempérée de réserve s'y substituait ordinairement aux hypocrisies du libertinage.

Ces modifications prouvaient tout au moins un goût délicat, comme l'idée de réforme était d'un poète.

Chénier a écrit encore des hymnes, des odes, des iambes,

des satires; il avait des projets de tragédies et de comédies, il espérait reprendre un jour,

> ... les pipeaux de Segrais
> Seuls connus parmi nous aux nymphes des forêts,

sans avoir pour l'aider une Pléiade ardente et convaincue. Son espoir d'un poème didactique était une erreur, mais glorieuse, et l'âge aurait eu sans doute raison de sa juvénile ardeur, quand la mort lui a accordé trop tôt la renommée qu'il demandait aux lettres.

Si cruelle que fût sa vie, elle n'était pas indigne d'envie. Après avoir souffert et aimé en homme et en poète, il s'en allait courageusement, laissant derrière lui de beaux vers qui couronneront d'un vivace laurier son nom et sa mémoire.

RAOUL GUILLARD.

CHÉNIER ne publia de son vivant que deux pièces : *le Jeu de Paume* et *l'Hymne aux Suisses de Châteauvieux*. Marie-Joseph fit imprimer *la Jeune Captive* et *la Jeune Tarentine*. Chateaubriand, Millevoye surtout, qui imita des pièces et copia même des vers du poète, le citèrent et, en 1811, Daunou hérita des manuscrits des deux frères. Fayolle (1816) recueillit de nouveaux fragments et une première édition sérieuse fut tentée en 1819 par de Latouche dont malheureusement l'honnêteté littéraire était plus suspecte que l'admiration, et qui par des additions et des corrections de texte, amoindrit le mérite et la valeur de son travail.

De nombreux manuscrits furent égarés. Par bonheur des copies avaient pu en être gardées, mais Sainte-Beuve à lui seul fit plus pour la gloire de Chénier, que tous les éditeurs réunis. Il découvrit presque le poète, l'étudia avec son habileté, sa conscience ordinaires et l'enthousiasme aidant, s'en constitua le défenseur : il compara les textes, les rétablit, publia des fragments intéressants, n'épargna ni sa science, ni son zèle, et Egger, Boissonnade et Labitte n'eurent qu'à marcher sur ses traces pour préparer le succès de Becq de Fouquières (1872, 1875). En 1874 M. Gabriel de Chénier, neveu du poète, contribua à rendre un public hommage à la mémoire de son oncle. M. Moland (2 vol. in-12, Garnier, 1879, 1884) s'inspira de ces deux prédécesseurs directs sans les imiter et après lui des éditions abrégées mais toujours dignes de Chénier, comme celle de M. Manuel (1884) ont popularisé ses vers et répandu son nom.

Par l'abondance des documents, la sûreté de la critique, l'ingéniosité des vues, l'œuvre de Becq de Fouquières est indispensable à consulter. Elle reste la base de tout travail solide sur Chénier, mais la piété de la famille du poète avait empêché l'éditeur de connaître à fond tous les manuscrits. Un neveu s'était réservé cette tâche et on ne pouvait que s'incliner devant sa prétention légitime et louable, si préjudiciable qu'elle fût au public. Malheureusement, Gabriel de Chénier fut aveuglé par un excès d'affection et de respect. Il publia sans assez de discernement tous les vers de son oncle et jusqu'à des lambeaux informes. Il tint les travaux de ses prédécesseurs pour médiocres et ne voulut reconnaître ni leurs efforts, ni leur conscience. Au lieu d'éclairer le lecteur par la publication de documents inédits, il l'étourdit de ses querelles personnelles, de sa science, et craignant sans doute de porter un jugement littéraire sur l'œuvre de son oncle, échappa à cette nécessité en célébrant dans la préface, avec un zèle pieux mais malheureux parfois, les vertus du citoyen.

Il n'a pas semblé inutile de donner une édition nouvelle de Chénier qui, profitant des derniers travaux, essaierait de concilier la littérature et l'érudition. On a voulu, sans espérer toutefois avoir entièrement réussi, compléter l'œuvre de Becq de Fouquières et alléger celle de Gabriel de Chénier.

Pour le classement des morceaux, on ne peut que raisonner par conjectures, en tenant compte autant que possible de la date d'apparition, de l'importance et du caractère des pièces. Becq de Fouquières usa de cette méthode qui lui réussit. Gabriel de Chénier fut plus intransigeant; il prouva que son oncle avait rangé ses vers sous des initiales distinctes. L'illogisme de ce procédé apparut bientôt, quand on vit se succéder des pièces d'un caractère absolument différent, un morceau héroïque à côté d'une églogue ou d'une bucolique. Ainsi *la Jeune Captive* annoncée par les signes caractéristiques des pastorales : *Boux* devait être considérée comme telle. Ce classement défectueux n'avait que le mérite de la commodité. Il a paru plus sage et plus sûr de suivre l'ancienne méthode, d'une façon générale, et de ne pas doubler le danger de l'hypothèse par l'affirmation d'une vérité contestable. Pour un écrivain comme Chénier dont l'œuvre ne se montre nettement que dans les grandes lignes, une respectueuse prudence, de la part de l'éditeur, témoigne d'une admiration plus vraie que la prétention à la perspicacité et à l'infaillibilité.

POÉSIES ANTIQUES

POÉSIES ANTIQUES

I

L'Aveugle

Dieu dont l'arc est d'argent, dieu de Claros, écoute,
O Sminthée Apollon, je périrai sans doute,
Si tu ne sers de guide à cet aveugle errant. »
C'est ainsi qu'achevait l'aveugle en soupirant,
Et près des bois marchait, faible, et sur une pierre
S'asseyait. Trois pasteurs, enfants de cette terre,
Le suivaient, accourus aux abois turbulents
Des molosses, gardiens de leurs troupeaux bêlants.
Ils avaient, retenant leur fureur indiscrète,
Protégé du vieillard la faiblesse inquiète ;

Ils l'écoutaient de loin, et s'approchant de lui :
« Quel est ce vieillard blanc, aveugle et sans appui ?
Serait-ce un habitant de l'empire céleste ?
Ses traits sont grands et fiers ; de sa ceinture agreste
Pend une lyre informe ; et les sons de sa voix
Émeuvent l'air et l'onde, et le ciel et les bois. »

Mais il entend leurs pas, prête l'oreille, espère,
Se trouble, et tend déjà les mains à la prière.
« Ne crains point, disent-ils, malheureux étranger ;
(Si plutôt, sous un corps terrestre et passager,
Tu n'es point quelque dieu protecteur de la Grèce,
Tant une grâce auguste ennoblit ta vieillesse !)
Si tu n'es qu'un mortel, vieillard infortuné,
Les humains près de qui les flots t'ont amené
Aux mortels malheureux n'apportent point d'injures.
Les destins n'ont jamais de faveurs qui soient pures.
Ta voix noble et touchante est un bienfait des dieux ;
Mais aux clartés du jour ils ont fermé tes yeux.

« — Enfants, car votre voix est enfantine et tendre,
Vos discours sont prudents plus qu'on n'eût dû l'attendre ;
Mais, toujours soupçonneux, l'indigent étranger
Croit qu'on rit de ses maux et qu'on veut l'outrager.
Ne me comparez point à la troupe immortelle :
Ces rides, ces cheveux, cette nuit éternelle,
Voyez, est-ce le front d'un habitant des cieux ?
Je ne suis qu'un mortel, un des plus malheureux !
Si vous en savez un, pauvre, errant, misérable,

C'est à celui-là seul que je suis comparable ;
Et pourtant je n'ai point, comme fit Thamyris,
Des chansons à Phébus voulu ravir le prix ;
Ni, livré comme Œdipe à la noire Euménide,
Je n'ai puni sur moi l'inceste parricide ;
Mais les dieux tout-puissants gardaient à mon déclin
Les ténèbres, l'exil, l'indigence et la faim.

« — Prends, et puisse bientôt changer ta destinée ! »
Disent-ils. Et tirant ce que, pour leur journée,
Tient la peau d'une chèvre aux crins noirs et luisants,
Ils versent à l'envi, sur ses genoux pesants,
Le pain de pur froment, les olives huileuses,
Le fromage et l'amande, et les figues mielleuses ;
Et du pain à son chien entre ses pieds gisant,
Tout hors d'haleine encore, humide et languissant,
Qui, malgré les rameurs, se lançant à la nage,
L'avait loin du vaisseau rejoint sur le rivage.

« Le sort, dit le vieillard, n'est pas toujours de fer,
Je vous salue, enfants venus de Jupiter ;
Heureux sont les parents qui tels vous firent naître !
Mais venez, que mes mains cherchent à vous connaître ;
Je crois avoir des yeux. Vous êtes beaux tous trois.
Vos visages sont doux, car douce est votre voix.
Qu'aimable est la vertu que la grâce environne !
Croissez, comme j'ai vu ce palmier de Latone,
Alors qu'ayant des yeux je traversais les flots ;
Car jadis, abordant à la sainte Délos,

Je vis près d'Apollon, à son autel de pierre,
Un palmier, don du ciel, merveille de la terre.
Vous croîtrez, comme lui, grands, féconds, révérés,
Puisque les malheureux sont par vous honorés.
Le plus âgé de vous aura vu treize années :
A peine, mes enfants, vos mères étaient nées,
Que j'étais presque vieux. Assieds-toi près de moi,
Toi, le plus grand de tous; je me confie à toi.
Prends soin du vieil aveugle. — O sage magnanime !
Comment, et d'où viens-tu? car l'onde maritime
Mugit de toutes parts sur nos bords orageux.

« — Des marchands de Symé m'avaient pris avec eux.
J'allais voir, m'éloignant des rives de Carie,
Si la Grèce pour moi n'aurait point de patrie,
Et des dieux moins jaloux, et de moins tristes jours;
Car jusques à la mort nous espérons toujours.
Mais pauvre et n'ayant rien pour payer mon passage,
Ils m'ont, je ne sais où, jeté sur le rivage.

« — Harmonieux vieillard, tu n'as donc point chanté ?
Quelques sons de ta voix auraient tout acheté.

« — Enfants! du rossignol la voix pure et légère
N'a jamais apaisé le vautour sanguinaire;
Et les riches, grossiers, avares, insolents,
N'ont pas une âme ouverte à sentir les talents.
Guidé par ce bâton, sur l'arène glissante,
Seul, en silence, au bord de l'onde mugissante,

J'allais, et j'écoutais le bêlement lointain
De troupeaux agitant leurs sonnettes d'airain.
Puis j'ai pris cette lyre, et les cordes mobiles
Ont encor résonné sous mes vieux doigts débiles.
Je voulais des grands dieux implorer la bonté,
Et surtout Jupiter, dieu d'hospitalité,
Lorsque d'énormes chiens à la voix formidable
Sont venus m'assaillir; et j'étais misérable,
Si vous (car c'était vous), avant qu'ils m'eussent pris,
N'eussiez armé pour moi les pierres et les cris.

« — Mon père, il est donc vrai : tout est devenu pire?
Car jadis, aux accents d'une éloquente lyre,
Les tigres et les loups, vaincus, humiliés,
D'un chanteur comme toi vinrent baiser les pieds.

« — Les barbares! J'étais assis près de la poupe.
« Aveugle vagabond, dit l'insolente troupe,
« Chante, si ton esprit n'est point comme tes yeux,
« Amuse notre ennui; tu rendras grâce aux dieux...
J'ai fait taire mon cœur qui voulait les confondre;
Ma bouche ne s'est point ouverte à leur répondre;
Ils n'ont pas entendu ma voix, et sous ma main
J'ai retenu le dieu courroucé dans mon sein.
Symé, puisque tes fils dédaignent Mnémosyne,
Puisqu'ils ont fait outrage à la muse divine,
Que leur vie et leur mort s'éteignent dans l'oubli;
Que ton nom dans la nuit demeure enseveli!

« — Viens, suis-nous à la ville ; elle est toute voisine,
Et chérit les amis de la muse divine.
Un siège aux clous d'argent te place à nos festins ;
Et là les mets choisis, le miel et les bons vins,
Sous la colonne où pend une lyre d'ivoire,
Te feront de tes maux oublier la mémoire.
Et si, dans le chemin, rapsode ingénieux,
Tu veux nous accorder tes chants dignes des cieux,
Nous dirons qu'Apollon, pour charmer les oreilles,
T'a lui-même dicté de si douces merveilles.

« — Oui, je le veux ; marchons. Mais où m'entraînez-vous ?
Enfants du vieil aveugle, en quel lieu sommes-nous ?

« — Syros est l'île heureuse où nous vivons, mon père.
— Salut, belle Syros, deux fois hospitalière !
Car sur ses bords heureux je suis déjà venu :
Amis, je la connais. Vos pères m'ont connu :
Ils croissaient comme vous ; mes yeux s'ouvraient encore
Au soleil, au printemps, aux roses de l'aurore ;
J'étais jeune et vaillant. Aux danses des guerriers,
A la course, aux combats, j'ai paru des premiers.
J'ai vu Corinthe, Argos, et Crète et les cent villes,
Et du fleuve Egyptus les rivages fertiles ;
Mais la terre et la mer, et l'âge et les malheurs,
Ont épuisé ce corps fatigué de douleurs.
La voix me reste. Ainsi la cigale innocente,
Sur un arbuste assise, et se console et chante.

Commençons par les dieux : « Souverain Jupiter;
« Soleil qui vois, entends, connais tout; et toi, mer;
« Fleuves, terre, et noirs dieux des vengeances trop lentes,
« Salut! venez à moi, de l'Olympe habitantes,
« Muses! vous savez tout, vous, déesses; et nous,
« Mortels, ne savons rien qui ne vienne de vous. »

Il poursuit; et déjà les antiques ombrages
Mollement en cadence inclinaient leurs feuillages;
Et pâtres oubliant leur troupeau délaissé,
Et voyageurs quittant leur chemin commencé,
Couraient. Il les entend, près de son jeune guide,
L'un sur l'autre pressés, tendre une oreille avide;
Et nymphes et sylvains sortaient pour l'admirer,
Et l'écoutaient en foule, et n'osaient respirer;
Car en de longs détours de chansons vagabondes
Il enchaînait de tout les semences fécondes,
Les principes du feu, les eaux, la terre et l'air,
Les fleuves descendus du sein de Jupiter,
Les oracles, les arts, les cités fraternelles,
Et depuis le chaos les amours immortelles;
D'abord le roi divin, et l'Olympe, et les cieux,
Et le monde, ébranlés d'un signe de ses yeux,
Et les dieux partagés en une immense guerre;
Et le sang plus qu'humain venant rougir la terre,
Et les rois assemblés, et sous les pieds guerriers
Une nuit de poussière, et les chars meurtriers,
Et les héros armés, brillant dans les campagnes
Comme un vaste incendie aux cimes des montagnes,

Les coursiers hérissant leur crinière à longs flots,
Et d'une voix humaine excitant les héros ;
De là, portant ses pas dans les paisibles villes,
Les lois, les orateurs, les récoltes fertiles ;
Mais bientôt de soldats les remparts entourés,
Les victimes tombant dans les parvis sacrés,
Et les assauts mortels aux épouses plaintives,
Et les mères en deuil, et les filles captives ;
Puis aussi les moissons joyeuses, les troupeaux
Bêlants ou mugissants, les rustiques pipeaux,
Les chansons, les festins, les vendanges bruyantes,
Et la flûte et la lyre, et les notes dansantes.
Puis, déchaînant les vents à soulever les mers,
Il perdait les nochers sur les gouffres amers ;
De là, dans le sein frais d'une roche azurée,
En foule il appelait les filles de Nérée,
Qui, bientôt à ses cris s'élevant sur les eaux,
Aux rivages troyens parcouraient les vaisseaux.
Puis il ouvrait du Styx la rive criminelle,
Et puis les demi-dieux et les champs d'asphodèle,
Et la foule des morts : vieillards seuls et souffrants,
Jeunes gens emportés aux yeux de leurs parents,
Enfants dont au berceau la vie est terminée,
Vierges dont le trépas suspendit l'hyménée.

Mais, ô bois, ô ruisseaux, ô monts, ô durs cailloux,
Quels doux frémissements vous agitèrent tous,
Quand bientôt à Lemnos, sur l'enclume divine,
Il forgeait cette trame irrésistible et fine

Autant que d'Arachné les pièges inconnus,
Et dans ce fer mobile emprisonnait Vénus !
Et quand il revêtit d'une pierre soudaine
La fière Niobé, cette mère thébaine !
Et quand il répétait en accents de douleurs
De la triste Aédon l'imprudence et les pleurs,
Qui, d'un fils méconnu marâtre involontaire,
Vola, doux rossignol, sous le bois solitaire !
Ensuite, avec le vin, il versait aux héros
Le puissant népenthès, oubli de tous les maux ;
Il cueillait le moly, fleur qui rend l'homme sage ;
Du paisible lotos il mêlait le breuvage :
Les mortels oubliaient, à ce philtre charmés,
Et la douce patrie et les parents aimés.
C'est ainsi que l'Olympe et les bois du Pénée
Virent ensanglanter les banquets d'hyménée,
Quand Thésée, au milieu de la joie et du vin,
La nuit où son ami reçut à son festin
Le peuple monstrueux des enfants de la nue,
Fut contraint d'arracher l'épouse demi-nue
Au bras ivre et nerveux du sauvage Eurytus.
Soudain, le glaive en main, l'ardent Pirithoüs :
« Attends ; il faut ici que mon affront s'expie,
Traître ! » Mais, avant lui, sur le centaure impie
Dryas a fait tomber, avec tous ses rameaux,
Un long arbre de fer hérissé de flambeaux :
L'insolent quadrupède en vain s'écrie ; il tombe,
Et son pied bat le sol qui doit être sa tombe.
Sous l'effort de Nessus, la table du repas

Roule, écrase Cymèle, Evagre, Périphas.
Pirithoüs égorge Antimaque, et Pétrée,
Et Cyllare aux pieds blancs, et le noir Macarée,
Qui de trois fiers lions, dépouillés par sa main,
Couvrait ses quatre flancs, armait son double sein.
Courbé, levant un roc choisi pour leur vengeance,
Tout à coup, sous l'airain d'un vase antique, immense,
L'imprudent Bianor, par Hercule surpris,
Sent de sa tête énorme éclater les débris.
Hercule et la massue entassent en trophée
Clanis, Démoléon, Lycothas, et Riphée
Qui portait sur ses crins, de taches colorés,
L'héréditaire éclat des nuages dorés.
Mais d'un double combat Eurynome est avide,
Car ses pieds, agités en un cercle rapide,
Battent à coups pressés l'armure de Nestor ;
Le quadrupède Hélops fuit ; l'agile Crantor,
Le bras levé, l'atteint ; Eurynome l'arrête ;
D'un érable noueux il va fendre sa tête,
Lorsque le fils d'Égée, invincible, sanglant,
L'aperçoit, à l'autel prend un chêne brûlant,
Sur sa croupe indomptée, avec un cri terrible,
S'élance, va saisir sa chevelure horrible,
L'entraîne, et, quand sa bouche, ouverte avec effort,
Crie, il y plonge ensemble et la flamme et la mort.
L'autel est dépouillé. Tous vont s'armer de flamme,
Et le bois porte aux cieux les hurlements de femme,
L'ongle frappant la terre, et les guerriers meurtris,
Et les vases brisés, et l'injure, et les cris.

Ainsi le grand vieillard, en images hardies,
Déployait le tissu des saintes mélodies.
Les trois enfants, émus à son auguste aspect,
Admiraient, d'un regard de joie et de respect,
De sa bouche abonder les paroles divines,
Comme en hiver la neige au sommet des collines.
Et, partout accourus, dansant sur son chemin,
Hommes, femmes, enfants, les rameaux à la main,
Et vierges et guerriers, jeunes fleurs de la ville,
Chantaient : « Viens dans nos murs, viens habiter notre île ;
Viens, prophète éloquent, aveugle harmonieux,
Convive du nectar, disciple aimé des dieux ;
Des jeux, tous les cinq ans, rendront saint et prospère
Le jour où nous avons reçu le grand HOMÈRE. »

II

Le Mendiant

C'était quand le printemps a reverdi les prés.
La fille de Lycus, vierge aux cheveux dorés,
Sous les monts Achéens, non loin de Cérynée,
. . . .
. . . .
Errait à l'ombre, aux bords du faible et pur Crathis ;

Car les eaux du Crathis, sous des berceaux de frêne,
Entouraient de Lycus le fertile domaine.
. . . . Soudain, à l'autre bord,
Du fond d'un bois épais, un noir fantôme sort
Tout pâle, demi-nu, la barbe hérissée :
Il remuait à peine une lèvre glacée,
Des hommes et des dieux implorait le secours,
Et dans la forêt sombre errait depuis deux jours.
Il se traîne, il n'attend qu'une mort douloureuse;
Il succombe. L'enfant, interdite et peureuse,
A ce hideux aspect sorti du fond des bois,
Veut fuir; mais elle entend sa lamentable voix.
Il tend les bras, il tombe à genoux; il lui crie
Qu'au nom de tous les dieux il la conjure, il prie,
Et qu'il n'est point à craindre, et qu'une ardente faim
L'aiguillonne et le tue, et qu'il expire enfin.

« Si, comme je le crois, belle dès ton enfance,
C'est le dieu de ces eaux qui t'a donné naissance,
Nymphe, souvent les vœux des malheureux humains
Ouvrent des immortels les bienfaisantes mains.
Ou si c'est quelque front porteur d'une couronne
Qui te nomme sa fille et te destine au trône,
Souviens-toi, jeune enfant, que le ciel quelquefois
Venge les opprimés sur la tête des rois.
Belle vierge, sans doute enfant d'une déesse,
Crains de laisser périr l'étranger en détresse :
L'étranger qui supplie est envoyé des dieux. »
Elle reste. A le voir elle enhardit ses yeux,

. . . . et d'une voix encore
Tremblante : « Ami, le ciel écoute qui l'implore.
Mais ce soir, quand la nuit descend sur l'horizon,
Passe le pont mobile, entre dans la maison ;
J'aurai soin qu'on te laisse entrer sans méfiance.
Pour la douzième fois célébrant ma naissance,
Mon père doit donner une fête aujourd'hui.
Il m'aime, il n'a que moi ; viens t'adresser à lui,
C'est le riche Lycus. Viens ce soir ; il est tendre,
Il est humain : il pleure aux pleurs qu'il voit répandre. »
Elle achève ces mots, et, le cœur palpitant,
S'enfuit ; car l'étranger sur elle, en l'écoutant,
Fixait de ses yeux creux l'attention avide.
Elle rentre, cherchant dans le palais splendide
L'esclave près de qui toujours ses jeunes ans
Trouvent un doux accueil et des soins complaisants.
Cette sage affranchie avait nourri sa mère ;
Maintenant sous des lois de vigilance austère,
Elle et son vieil époux, au devoir rigoureux,
Rangent des serviteurs le cortége nombreux.
Elle la voit de loin dans le fond du portique,
Court, et, posant ses mains sur ce visage antique :

« Indulgente nourrice, écoute : il faut de toi
Que j'obtienne un grand bien. Ma mère, écoute-moi :
Un pauvre, un étranger, dans la misère extrême,
Gémit sur l'autre bord, mourant, affamé, blême...
Ne me décèle point. De mon père aujourd'hui
J'ai promis qu'il pourrait solliciter l'appui.

Fais qu'il entre; et surtout, ô mère de ma mère!
Garde que nul mortel n'insulte à sa misère.

« — Oui, ma fille; chacun fera ce que tu veux,
Dit l'esclave en baisant son front et ses cheveux :
Oui, qu'à ton protégé ta fête soit ouverte.
Ta mère, mon élève (inestimable perte!)
Aimait à soulager les faibles abattus :
Tu lui ressembleras autant par tes vertus
Que par tes yeux si doux et tes grâces naïves. »

Mais cependant la nuit assemble les convives :
En habits somptueux, d'essences parfumés,
Ils entrent. Aux lambris d'ivoire et d'or formés
Pend le lin d'Ionie en brillantes courtines;
Le toit s'égaye et rit de mille odeurs divines.
La table au loin circule, et d'apprêts savoureux
Se charge. L'encens vole en longs flots vaporeux;
Sur leurs bases d'argent, des formes animées
Élèvent dans leurs mains des torches enflammées;
Les figures, l'onyx, le cristal, les métaux
En vases hérissés d'hommes ou d'animaux,
Partout, sur les buffets, sur la table, étincellent;
Plus d'une lyre est prête; et partout s'amoncellent
Et les rameaux de myrte et les bouquets de fleurs.
On s'étend sur les lits teints de mille couleurs;
Près de Lycus, sa fille, idole de la fête,
Est admise. La rose a couronné sa tête.
Mais, pour que la décence impose un juste frein,

Lui-même est par eux tous élu roi du festin.
Et déjà vins, chansons, joie, entretiens sans nombre,
Lorsque, la double porte ouverte, un spectre sombre
Entre, cherchant des yeux l'autel hospitalier.
La jeune enfant rougit. Il court vers le foyer ;
Il embrasse l'autel, s'assied parmi la cendre ;
Et tous, l'œil étonné, se taisent pour l'entendre.

« Lycus, fis d'Événon, que les dieux et le temps
N'osent jamais troubler tes destins éclatants !
Ta pourpre, tes trésors, ton front noble et tranquille,
Semblent d'un roi puissant, l'idole de sa ville.
A ton riche banquet un peuple convié
T'honore comme un dieu de l'Olympe envoyé.
Regarde un étranger qui meurt dans la poussière,
Si tu ne tends vers lui la main hospitalière.
Inconnu, j'ai franchi le seuil de ton palais :
Trop de pudeur peut nuire à qui vit de bienfaits.
Lycus, par Jupiter, par ta fille innocente
Qui m'a seule indiqué ta porte bienfaisante !...
Je fus riche autrefois : mon banquet opulent
N'a jamais repoussé l'étranger suppliant.
Et pourtant aujourd'hui la faim est mon partage,
La faim qui flétrit l'âme autant que le visage,
Par qui l'homme souvent, importun, odieux,
Est contraint de rougir et de baisser les yeux !

« — Étranger, tu dis vrai, le hasard téméraire
Des bons ou des méchants fait le destin prospère.

Mais sois mon hôte. Ici l'on hait plus que l'enfer
Le public ennemi, le riche au cœur de fer,
Enfant de Némésis, dont le dédain barbare
Aux besoins des mortels ferme son cœur avare.
Je rends grâce à l'enfant qni t'a conduit ici.
Ma fille, c'est bien fait; poursuis toujours ainsi!
Respecter l'indigence est un devoir suprême.
Souvent les immortels (et Jupiter lui-même)
Sous des haillons poudreux, de seuil en seuil traînés,
Viennent tenter le cœur des humains fortunés. »
D'accueil et de faveur un murmure s'élève.
Lycus descend, accourt, tend la main, le relève :
« Salut, père étranger; et que puissent tes vœux
Trouver le ciel propice à tout ce que tu veux!
Mon hôte, lève-toi. Tu parais noble et sage;
Mais cesse avec ta main de cacher ton visage.
Souvent marchent ensemble Indigence et Vertu;
Souvent d'un vil manteau le sage revêtu,
Seul, vit avec les dieux et brave un sort inique.
Couvert de chauds tissus, à l'ombre du portique,
Sur de molles toisons, en un calme sommeil,
Tu peux ici, dans l'ombre, attendre le soleil.
Je te ferai revoir tes foyers, ta patrie,
Tes parents, si les dieux ont épargné leur vie.
Car tout mortel errant nourrit un long amour
D'aller revoir le sol qui lui donna le jour.
Mon hôte, tu franchis le seuil de ma famille
A l'heure qui jadis a vu naître ma fille.
Salut! Vois, l'on t'apporte et la table et le pain :

Sieds-toi. Tu vas d'abord rassasier ta faim.
Puis, si nulle raison ne te force au mystère,
Tu nous diras ton nom, ta patrie et ton père. »
Il retourne à sa place après que l'indigent
S'est assis. Sur ses mains, d'une aiguière d'argent,
Par une jeune esclave une eau pure est versée.
Une table de cèdre, où l'éponge est passée,
S'approche, et vient offrir à son avide main
Et les fumantes chairs sur le disque d'airain,
Et l'amphore vineuse, et la coupe aux deux anses.
« Mange et bois, dit Lycus ; oublions les souffrances,
Ami ! leur lendemain est, dit-on, un beau jour. »
. . . .

Bientôt Lycus se lève et fait emplir sa coupe
Et veut que l'échanson verse à toute la troupe :
« Pour boire à Jupiter, qui nous daigne envoyer
L'étranger devenu l'hôte de mon foyer. »
Le vin de main en main va coulant à la ronde ;
Lycus lui-même emplit une coupe profonde,
L'envoie à l'étranger. « Salut, mon hôte, bois.
De ta ville bientôt tu reverras les toits,
Fussent-ils par delà les glaces du Caucase. »
Des mains de l'échanson l'étranger prend le vase,
Se lève ; sur eux tous il invoque les dieux.
On boit ; il se rassied. Et jusque sur les yeux
Ses noirs cheveux toujours ombrageant son visage,
De sourire et de plainte il mêle son langage.

« Mon hôte, maintenant que sous tes nobles toits
De l'importun besoin j'ai calmé les abois,
Oserai-je à ma langue abandonner les rênes?
Je n'ai plus ni pays, ni parents, ni domaines.
Mais écoute : le vin, par toi-même versé,
M'ouvre la bouche. Ainsi, puisque j'ai commencé,
Entends ce que peut-être il eût mieux valu taire.
Excuse enfin ma langue, excuse ma prière;
Car du vin, tu le sais, la téméraire ardeur
Souvent à l'excès même enhardit la pudeur.
Meurtri de durs cailloux ou de sables arides,
Déchiré de buissons ou d'insectes avides,
D'un long jeûne flétri, d'un long chemin lassé,
Et de plus d'un grand fleuve en nageant traversé,
Je parais énervé, sans vigueur, sans courage;
Mais je suis né robuste et n'ai point passé l'âge.
La force et le travail, que je n'ai point perdus,
Par un peu de repos me vont être rendus.
Emploie alors mes bras à quelques soins rustiques.
Je puis dresser au char tes coursiers olympiques,
Ou sous les feux du jour, courbé vers le sillon,
Presser deux forts taureaux du piquant aiguillon.
Je puis même, tournant la meule nourricière,
Broyer le pur froment en farine légère.
Je puis, la serpe en main, planter et diriger
Et le cep et la treille, espoir de ton verger.
Je tiendrai la faucille ou la faux recourbée,
Et devant mes pas l'herbe ou la moisson tombée

Viendra remplir ta grange en la belle saison;
Afin que nul mortel ne dise en ta maison,
Me regardant d'un œil insultant et colère :
« O vorace étranger, qu'on nourrit à rien faire ! »

« — Vénérable indigent, va, nul mortel chez moi
N'oserait élever sa langue contre toi.
Tu peux ici rester, même oisif et tranquille,
Sans craindre qu'un affront ne trouble ton asile.
— L'indigent se méfie. — Il n'est plus de danger.
— L'homme est né pour souffrir. — Il est né pour changer.
— Il change d'infortune ! — Ami, reprends courage :
Toujours un vent glacé ne souffle point l'orage.
Le ciel d'un jour à l'autre est humide ou serein,
Et tel pleure aujourd'hui qui sourira demain.

« — Mon hôte, en tes discours préside la sagesse.
Mais quoi ! la confiante et paisible richesse
Parle ainsi !... L'indigent espère en vain du sort;
En espérant toujours il arrive à la mort.
Dévoré de besoins, de projets, d'insomnie,
Il vieillit dans l'opprobre et dans l'ignominie.
Rebuté des humains durs, envieux, ingrats,
Il a recours aux dieux qui ne l'entendent pas.
Toutefois ta richesse accueille mes misères;
Et puisque ton cœur s'ouvre à la voix des prières,
Puisqu'il sait, ménageant le faible humilié,
D'indulgence et d'égards tempérer la pitié,
S'il est des dieux du pauvre, ô Lycus ! que ta vie

Soit un objet pour tous et d'amour et d'envie !

« — Je te le dis encore : espérons, étranger.
Que mon exemple au moins serve à t'encourager.
Des changements du sort j'ai fait l'expérience.
Toujours un même éclat n'a point à l'indigence
Fait du riche Lycus envier le destin :
J'ai moi-même été pauvre et j'ai tendu la main.
Cléotas de Larisse, en ses jardins immenses,
Offrit à mon travail de justes récompenses.
« Jeune ami, j'ai trouvé quelques vertus en toi ;
« Va, sois heureux, dit-il, et te souviens de moi. »
Oui, oui, je m'en souviens : Cléotas fut mon père,
Tu vois le fruit des dons de sa bonté prospère.
A tous les malheureux je rendrai désormais
Ce que dans mon malheur je dus à ses bienfaits.
Dieux, l'homme bienfaisant est votre cher ouvrage ;
Vous n'avez point ici d'autre visible image ;
Il porte votre empreinte, il sortit de vos mains
Pour vous représenter aux regards des humains.
Veillez sur Cléotas ! Qu'une fleur éternelle,
Fille d'une âme pure, en ses traits étincelle ;
Que nombre de bienfaits, ce sont là ses amours,
Fassent une couronne à chacun de ses jours ;
Et quand une mort douce et d'amis entourée
Recevra sans douleur sa vieillesse sacrée,
Qu'il laisse avec ses biens ses vertus pour appui
A des fils, s'il se peut, encor meilleurs que lui.

« — Hôte des malheureux, le sort inexorable
Ne prend point les avis de l'homme secourable.
Tous, par sa main de fer en aveugles poussés,
Nous vivons; et tes vœux ne sont point exaucés.
Cléotas est perdu; son injuste patrie
L'a privé de ses biens; elle a proscrit sa vie.
De ses concitoyens dès longtemps envié,
De ses nombreux amis en un jour oublié,
Au lieu de ces tapis qu'avait tissus l'Euphrate,
Au lieu de ces festins brillants d'or et d'agate
Où ses hôtes, parmi les chants harmonieux,
Savouraient jusqu'au jour les vins délicieux,
Seul maintenant, sa faim, visitant les feuillages,
Dépouille les buissons de quelques fruits sauvages;
Ou, chez le riche altier apportant ses douleurs,
Il mange un pain amer tout trempé de ses pleurs.
Errant et fugitif, de ses beaux jours de gloire
Gardant, pour son malheur, la pénible mémoire,
Sous les feux du midi, sous le froid des hivers,
Seul, d'exil en exil, de déserts en déserts,
Pauvre et semblable à moi, languissant et débile,
Sans appui qu'un bâton, sans foyer, sans asile,
Revêtu de ramée ou de quelques lambeaux,
Et sans que nul mortel attendri sur ses maux
D'un souhait de bonheur le flatte et l'encourage;
Les torrents et la mer, l'aquilon et l'orage,
Les corbeaux, et des loups les tristes hurlements
Répondant seuls la nuit à ses gémissements;

N'ayant d'autres amis que les bois solitaires,
D'autres consolateurs que ses larmes amères,
Il se traîne; et souvent sur la pierre il s'endort
A la porte d'un temple, en invoquant la mort.

« — Que m'as-tu dit? La foudre a tombé sur ma tête.
Dieux ! ah ! grands dieux! partons. Plus de jeux, plus de fête,
Partons. Il faut vers lui trouver des chemins sûrs;
Partons. Jamais sans lui je ne revois ces murs.
Ah ! dieux! quand dans le vin, les festins, l'abondance,
Enivré des vapeurs d'une folle opulence,
Celui qui lui doit tout chante, et s'oublie, et rit,
Lui peut-être il expire, affamé, nu, proscrit,
Maudissant, comme ingrat, son vieil ami qui l'aime.
Parle : était-ce bien lui? le connais-tu toi-même?
En quels lieux était-il? où portait-il ses pas?
Il sait où vit Lycus, pourquoi ne vient-il pas?
Parle : était-ce bien lui? parle, parle, te dis-je :
Où l'as-tu vu? — Mon hôte, à regret je t'afflige.
C'était lui, je l'ai vu . . . .
. . . .
. . . . Les douleurs de son âme
Avaient changé ses traits. Ses deux fils et sa femme,
A Delphes, confiés au ministre du dieu,
Vivaient de quelques dons offerts dans le saint lieu.
Par des sentiers secrets fuyant l'aspect des villes,
On les avait suivis jusques aux Thermopyles.
Il en gardait encore un douloureux effroi.

Je le connais ; je fus son ami comme toi.
D'un même sort jaloux une même injustice
Nous a tous deux plongés au même précipice.
Il me donna jadis (ce seul bien m'est resté)
Sa marque d'alliance et d'hospitalité.
Vois si tu la connais. » — De surprise immobile,
Lycus a reconnu son propre sceau d'argile ;
Ce sceau, don mutuel d'immortelle amitié,
Jadis à Cléotas par lui-même envoyé.

Il ouvre un œil avide, et longtemps envisage
L'étranger. Puis enfin sa voix trouve un passage.
« Est-ce toi, Cléotas ? toi qu'ainsi je revoi ?
Tout ici t'appartient. O mon père ! est-ce toi ?
Je rougis que mes yeux aient pu te méconnaître.
Cléotas ! ô mon père ! ô toi qui fus mon maître,
Viens ; je n'ai fait ici que garder ton trésor,
Et ton ancien Lycus veut te servir encor ;
J'ai honte à ma fortune en regardant la tienne. »
Et, dépouillant soudain la pourpre tyrienne
Que tient sur son épaule une agrafe d'argent,
Il l'attache lui-même à l'auguste indigent.
Les convives levés l'entourent ; l'allégresse
Rayonne en tous les yeux. La famille s'empresse ;
On cherche des habits, on réchauffe le bain.
La jeune enfant approche ; il rit, lui tend la main :
« Car c'est toi, lui dit-il, c'est toi qui, la première,
Ma fille, m'as ouvert la porte hospitalière. »

III

Œta, mont ennobli par cette nuit ardente,
Quand l'infidèle époux d'une épouse imprudente
Reçut de son amour un présent trop jaloux,
Victime du centaure immolé par ses coups ;
Il brise tes forêts, ta cime épaisse et sombre,
En un bûcher immense amoncelle sans nombre
Les sapins résineux que son bras a ployés.
Il y porte la flamme ; il monte, sous ses pieds
Étend du vieux lion la dépouille héroïque,
Et l'œil au ciel, la main sur sa massue antique,
Attend sa récompense et l'heure d'être un dieu.
Le vent souffle et mugit. Le bûcher tout en feu
Brille autour du héros, et la flamme rapide
Porte aux palais divins l'âme du grand Alcide !
Les poisons de Nessus ont souillé ses présents...

IV

Sur un groupe
de Jupiter et d'Europe

Étranger, ce taureau, qu'au sein des mers profondes
D'un pied léger et sûr tu vois fendre les ondes,
Est le seul que jamais Amphitrite ait porté.
Il nage aux bords crétois. Une jeune beauté,
Dont le vent fait voler l'écharpe obéissante,
Sur ses flancs est assise, et d'une main tremblante
Tient sa corne d'ivoire, et, les pleurs dans les yeux,
Appelle ses parents, ses compagnes, ses jeux;
Et, redoutant la vague et ses assauts humides,
Retire et veut sous soi cacher ses pieds timides.
L'art a rendu l'airain fluide et frémissant.
On croit le voir flotter. Ce nageur mugissant,
Ce taureau, c'est un dieu; c'est Jupiter lui-même.
Dans ses traits déguisés, du monarque suprême
Tu reconnais encore et la foudre et les traits.
Sidon l'a vu descendre au bord de ses guérets,
Sous ce front emprunté voilant ses artifices,
Brillant objet des vœux de toutes les génisses.

La vierge tyrienne, Europe, son amour,
Imprudente, le flatte ; il la flatte à son tour ;
Et, se fiant à lui, la belle désirée
Ose asseoir sur son flanc cette charge adorée.
Il s'est lancé dans l'onde ; et le divin nageur,
Le taureau, roi des dieux, l'humide voyageur,
A déjà passé Chypre et ses rives fertiles,
Et s'approche de Crète, et va voir les cent villes.
Telle éclate Vénus au milieu des trois sœurs.
Mais son sort n'était pas de n'aimer que les fleurs,
Et de garder toujours sa pudique ceinture.
Le roi des dieux l'a vue. Une active blessure
Le dévore, dompté sous l'arc insidieux
Du dieu qui peut dompter même le roi des dieux.
Mais, voulant la séduire, et de sa fière épouse
Éviter, cependant, la colère jalouse,
Il sut cacher le dieu sous le front d'un taureau
Non ressemblant à ceux qui, sous un lourd fardeau,
Rampent, traînant d'un char les axes difficiles,
Ou préparent la terre à des moissons fertiles.
Sur tout son corps s'étend un blond et pur éclat,
Une étoile d'argent sur son front délicat
Luit. D'amour, dans ses yeux, brille la flamme ardente ;
Un double ivoire enfin sur sa tête élégante
Se recourbe ; la nuit tel est le beau croissant
Que Phœbé, dans les cieux, allume en renaissant.
Il va sur la prairie. et de frayeur atteinte
Nulle vierge ne fuit. Elles courent, sans crainte,

Vers l'animal paisible, et qui, plus que les fleurs,
De l'ambroisie au loin exhale les odeurs.
Il s'avance à pas lents trouver la jeune reine.
Sur ses pieds délicats sa langue se promène.
Europe, de sa bouche, en le voyant si beau,
Vient essuyer l'écume, et baise le taureau.
Il mugit doucement ; la flûte de Lydie
Chante une moins suave et tendre mélodie.
Il s'incline à ses pieds, tient sur elle les yeux,
Lui montre la beauté de son flanc spacieux.
Soudain : « Venez, venez, ô mes chères compagnes,
Dit-elle ; de nos jeux égayons ces campagnes.
Sur ce taureau si doux nous allons nous asseoir ;
Son large dos pourra toutes nous recevoir,
Toutes nous emporter comme un vaste navire.
C'est un esprit humain qui sans doute l'inspire.
Nul autre ne s'est vu qui pût lui ressembler.
Il lui manque une voix : il voudrait nous parler. »
Elle dit et s'assied. La troupe à l'instant même
Vient ; mais, se relevant sous le fardeau qu'il aime,
Le dieu fuit vers la mer. L'imprudente soudain
Les appelle à grands cris, pleure, leur tend la main :
Elles courent ; mais lui, qui de loin les devance,
Comme un léger dauphin dans les ondes s'élance.
En foule, sur les flancs de leurs monstres nageurs,
Les filles de Nérée autour des voyageurs
Sortent. Le roi des eaux, calmant la vague amère,
Fraye, agile pilote, une voie à son frère ;
D'hyménée, auprès d'eux, les humides Tritons

Sur leurs conques d'azur répètent les chansons.
Sur le front du taureau la belle, palpitante,
S'appuie, et l'autre main tient sa robe flottante
Qu'à bonds impétueux souillerait l'eau des mers.
Autour d'elle son voile épandu dans les airs,
Comme le lin qui pousse une nef passagère,
S'enfle, et sur son amant la soutient plus légère.
Mais, dès que nul rivage, à son timide effroi,
Nul mont ne s'offrit plus, qu'elle n'eut devant soi
Rien qu'une mer immense et le ciel sur sa tête,
Promenant autour d'elle une vue inquiète :
« Dieu Taureau, quel es-tu? Parle, Taureau trompeur,
Où me vas-tu porter? N'en as-tu point de peur
De ces flots? Car ces flots aux poupes vagabondes
Cèdent ; mais les troupeaux craignent les mers profondes
Où sera la pâture et l'eau douce pour toi?
Es-tu Dieu? mais des dieux que ne suis-tu la loi?
La terre aux dauphins, l'onde aux taureaux est fermée ;
Mais toi seul sur la terre et sur l'onde animée
Cours. Tes pieds sont la rame ouvrant le sein des mers ;
Et bientôt des oiseaux peut-être dans les airs,
Iras-tu joindre aussi la volante famille.
O palais de mon père! ô malheureuse fille,
Qui, pour tenter sur l'onde un voyage nouveau,
Seule, errante, ai suivi ce perfide Taureau !
Et, toi, maître des flots, favorise ma route !
Mon invisible appui se montrera sans doute ;
Sans doute ce n'est pas sans un pouvoir divin,
Que s'aplanit sous moi cet humide chemin. »

Elle dit. A ces mots, pour la tirer de peine,
Du quadrupède amant sort une voix humaine :

« O vierge, ne crains point les fureurs de la mer;
Dans ce taureau nageur tu presses Jupiter.
Je me choisis en maître, une forme, un visage;
Mon amour, ta beauté, m'ont, sous ce corps sauvage,
Fait mesurer des flots cet empire inconstant.
La Crète, île fameuse, est le bord qui t'attend.
Il m'a nourri moi-même. Et là, ta destinée
Te promet de grands rois, fils de notre hyménée. »

Il dit; le bord paraît. Les Heures, en ce lieu,
Ont préparé son lit... il se relève dieu,
Détache la ceinture à la belle étrangère,
Et la vierge en ses bras devient épouse et mère.

V

Cette île chère aux dieux, mère de Jupiter,
Aux cent belles cités maîtresses de la mer,
Où, pour punir Athène, un épais labyrinthe
Recèle un double monstre en son obscure enceinte,

Fruit coupable et cruel de perverses amours.
Lorsque (si les Crétois ne mentent point toujours)
Leur reine dans un temple, incestueuse amante,
Demandant un prodige au dieu qui la tourmente,
Veut apprendre à mugir, sûre qu'à cette voix,
Son amant mugissant la suivrait dans les bois,
Sa main royale, osant l'arrêter au passage,
Souvent jette des fleurs sur sa tête sauvage,
Descend sur sa poitrine aux longs replis tremblants,
Le flatte, l'applaudit, fait résonner ses flancs.
Bientôt pour le tromper un savant artifice
Creuse un bois imposteur d'une feinte génisse;
Elle entre, elle revêt, aussi bien que les yeux,
Les membres, et la force, et le front tortueux.

. . . .

C'est ainsi qu'autrefois, dans leurs délires vains,
Courant au pâturage et fuyant les humains,
Les filles de Prœtus, vagabondes compagnes,
De faux mugissements remplirent les campagnes.
L'aspect du soc leur fit chercher les bois profonds,
Tremblantes que le joug ne menaçât leurs fronts;
Et leur main crut sentir, peureuse et mensongère,
Se dresser sur leur tête une armure étrangère.

VI

Un jeune Homme fou par Amour

Pour lui, ce Praxitèle a, de sa main savante,
Des antres de Paros fait sortir une amante;
Car, malheureux rival d'Anchise et de Pâris,
Il aime ce beau marbre, image de Cypris.
Il a su, se cachant au fond du sanctuaire,
Passer toute une nuit près de l'idole chère,
Dont les contours divins ont laissé voir au jour
La trace des fureurs d'un fol et vain amour.
Il est toujours au temple avec son immortelle;
Et là, seul, il la flatte; il lui dit qu'elle est belle;
L'appelle par des noms mielleux, tendres, brûlants,
Et parcourt à plaisir et son sein et ses flancs.
D'autres fois il arrive inquiet, irascible;
La gronde, la nommant dure, froide, insensible;
Lui dit qu'elle est de pierre et qu'elle est sans appas;
Puis lui pardonne, pleure, et la tient dans ses bras;
« Baise-moi, » lui dit-il, et sa bouche insensée
Baise et presse longtemps cette bouche glacée,

D'un doux reproche encor la caresse ; et sa main
La punit mollement d'un injuste dédain.

VII

. . . .
Aux déserts de Barca le monstre des forêts,
Quand le chien dévorant sur ces arides plaines
Vomit du haut des cieux ses brûlantes haleines,
Sent l'amour en fureur, dans ses flancs consumés,
Verser au lieu de sang des poisons allumés ;
Jamais de plus de morts, de meurtres, de carnages
L'Afrique n'abreuva ses infâmes rivages.
Dieux ! que je plains alors l'étranger oublié
Qu'à ces bords. . . . . la mer retient lié !
Chaque jour, d'un sommet élancé dans la nue,
Sur la vaste Amphitrite il promène sa vue.
A ses vœux enflammés prompt à se décevoir,
Son œil avide vole au-devant de l'espoir.
Un nuage lointain qui se penche sur l'onde,
Un roc où, se brisant, Téthys écume et gronde,
Un monstre qui surnage et des flots fend le cours,
Tout lui semble un vaisseau qui vole à son secours.

Mais quand du haut Atlas la cime dévorée
De rayons presque éteints est à peine éclairée,
Vers l'astre fugitif, sur son sommet assis,
Il tourne ses regards de larmes obscurcis.
Bientôt de mille cris l'air ébranlant les nues,
De rugissements sourds les cavernes émues,
Des tigres, des lions, les fureurs, les combats,
Dans le creux des rochers précipitent ses pas.
Là, pâle, anéanti, palpitant, hors d'haleine,
N'osant ni se mouvoir, ni respirer qu'à peine,
. . . . , . . , ...
Verse une sueur froide et dresse ses cheveux.
Dans les convulsions d'une angoisse éternelle,
Il ne voit que la mort, et que la mort cruelle;
Et quand le jour renaît dans les champs azurés,
Ses yeux, de pleurs amers sans cesse dévorés,
N'ont point connu ce baume ami de la nature,
Qui des cœurs ulcérés assoupit la blessure.

VIII

Vois dans les champs de Thrace un coursier échappé;
De quel frémissement tout son corps est frappé,
Sitôt que dans les airs une trace semée
A porté jusqu'à lui l'odeur accoutumée.

Le fouet vengeur alors et la voix et le frein
. . . . . veulent s'armer en vain.
. . . .
Au travers des écueils, des rocs, des précipices,
Rien ne l'arrête, il vole; au delà des vallons,
Et des vastes forêts, et des fleuves profonds,
Et des lacs tortueux qui pressent les montagnes,
Son cri fait tressaillir ses superbes compagnes,
Il arrive; il les voit; avec grâce à leurs yeux
Il déploie, en courant, ses pas harmonieux.
. . . .
. . . .
L'éclair part de ses yeux d'amour étincelants;
Une chaude vapeur s'exhale de ses flancs;
De ses naseaux ouverts il respire la flamme.

IX

Invocation à la Poésie

Vierge au visage blanc, la jeune Poésie,
En silence attendue au banquet d'ambroisie,
Vint sur un siège d'or s'asseoir avec les dieux,
Des fureurs des Titans enfin victorieux.

La bandelette auguste, au front de cette reine,
Pressait les flots errants de ses cheveux d'ébène;
La ceinture de pourpre ornait son jeune sein.
L'amiante et la soie, en un tissu divin,
Répandaient autour d'elle une robe flottante,
Pure comme l'albâtre et d'or étincelante.
Creux en profonde coupe, un vaste diamant
Lui porta du nectar le breuvage écumant.
Ses belles mains volaient sur la lyre d'ivoire.
Elle leva ses yeux où les transports, la gloire,
Et l'âme et l'harmonie éclataient à la fois.
Et, de sa belle bouche, exhalant une voix
Plus douce que le miel ou les baisers des Grâces,
Elle dit des vaincus les coupables audaces,
Et les cieux raffermis et sûrs de notre encens,
Et sous l'ardent Etna les traîtres gémissants.

Nymphe tendre et vermeille, ô jeune Poésie !
Quel bois est aujourd'hui ta retraite choisie ?
Quelles fleurs, près d'une onde où s'égarent tes pas,
Se courbent mollement sous tes pieds délicats ?
Où te faut-il chercher ? Vois la saison nouvelle !
Sur son visage blanc quelle pourpre étincelle !
L'hirondelle a chanté. Zéphire est de retour :
Il revient en dansant; il ramène l'amour;
L'ombre, les prés, les fleurs, c'est sa douce famille,
Et Jupiter se plaît à contempler sa fille,
Cette terre où partout, sous tes doigts gracieux,
S'empressent de germer des vers mélodieux.

Le fleuve qui s'étend dans les vallons humides
Roule pour toi des vers doux, sonores, liquides.
Des vers, s'ouvrant en foule aux regards du soleil,
Sont ce peuple de fleurs au calice vermeil.
Et les monts, en torrents qui blanchissent leurs cimes,
Lancent des vers brillants dans le fond des abîmes.
Ils reconnaissent tous la voix de l'héroïne;
Ils tressaillent, saisis à cette voix divine;
Roulent leurs pieds dans l'air, lèvent leurs fronts ardents;
L'or du frein tortueux résonne entre leurs dents.
Courbant leur col nerveux, tous, en chutes pareilles
Précipités; leurs yeux s'enflamment, leurs oreilles
Se dressent devant eux; hérissés et fumants,
Leur narine bondit en longs frémissements;
Mors et harnais sont blancs de sueur et d'écume;
La roue échappe aux yeux, l'axe bouillant s'allume;
Ils volent, le char vole, elle vole, elle fuit
Comme l'agile éclair qui brille dans la nuit.
Le vent ne peut les suivre. . . . .
. . . .
Sous la dent de l'acier aux pointes lumineuses,
Joignant d'un velours noir les bandes sinueuses,
Un camée éclatant, sur l'argile d'azur,
Presse contre son flanc le basin frais et pur.

X

Bacchus, sous ces forêts que tes plaintes troublèrent,
O fille de Minos, consola tes douleurs.
Les larmes de Philis sur ces rives coulèrent ;
    Elles firent naître ces fleurs.

Ces vallons redisaient les caresses d'Œnone ;
Ce fleuve s'arrêtait aux baisers d'Arion ;
Et ces grottes ont vu la fille de Latone
    Descendre au sein d'Endymion.

Mer qui, pour séparer les amis, les amants,
Amoncelles entre eux tes remparts écumants ;
Inexorable mer dont les fureurs jalouses
Dévorent les époux qui cherchent leurs épouses,

O mer, du jeune amant. . . . .
Ne pus vaincre l'espoir, la jeunesse et l'amour.
O mer, tu fus domptée, et ta rage écumante
    Ne l'engloutit qu'à son retour.

XI

J'apprends, pour disputer un prix si glorieux
Le bel art d'Érichthon, mortel prodigieux
Qui sur l'herbe glissante, en longs anneaux mobiles,
Jadis homme et serpent, traînait ses pieds agiles.
Élevé sur un axe, Érichthon le premier
Aux liens du timon attacha le coursier,
Et vainqueur, près des mers, sur les sables arides,
Fit voler à grand bruit les quadriges rapides.
Le Lapithe hardi dans ses jeux turbulents,
Le premier, des coursiers osa presser les flancs.
Sous lui, dans un long cercle achevant leur carrière,
Ils surent aux liens livrer leur tête altière,
Blanchir un frein d'écume, et, légers, bondissants,
Agiter, mesurer leurs pas retentissants.

XII

Là, du sage Minos cette fille si belle,
Le fil en main, formait une danse nouvelle,

Quand du grand Labyrinthe un jeune séducteur
Eut vaincu par ses soins l'inextricable erreur.
Le blond Thésée admire à sa brillante fête
Et les vierges d'Athène et les vierges de Crète.
Toutes, près d'Ariadne, en des détours légers,
Errent, du noir palais retraçant les dangers;
Et leurs pas tortueux, d'un confus labyrinthe,
Feignent de parcourir la ténébreuse enceinte.

XIII

Tirésias voudrait que jamais l'Hippocrène
N'eût reçu dans ses eaux la déesse d'Athène,
Et, négligé des rois, ignorer le destin,
Et le vol des oiseaux, de l'avenir certain.
Il paya cher de voir cette vierge invincible
Dépouiller et le casque et la gorgone horrible.
Ce sein, ces flancs sacrés, inconnus même aux dieux,
Sont les derniers objets que purent voir ses yeux.
Quoique chère à Pallas, les plaintes de sa mère
Essayèrent en vain de rouvrir sa paupière.

XIV

Bacchus se déguisait sous un moins beau visage,
Quand de Tyrrhéniens une troupe sauvage
Vint le ravir plongé dans un profond sommeil.
Leur vaisseau le reçoit; on part; à son réveil,
Il s'étonne. On lui jure, au moment qu'il les prie,
De voguer vers Naxos qu'il nomme sa patrie.
Il dissimule, et puis, l'œil errant sur les flots :
« O ciel ! ah malheureux ! ce n'est point là Naxos...
Dieux ! grands dieux ! » et ses mains, dans ses feintes alarmes,
Déchirent ses cheveux, et ses yeux sont en larmes.
« Jeune homme, lui dit l'un, que nous font tes malheurs !
Tu viendras nous servir; et laisse là tes pleurs. »
Il dit. — Le vaisseau tremble. Et des formes terribles
De tigres, de lions, de panthères horribles
Fondent sur eux. En foule et n'ayant plus de voix,
Les traîtres du vaisseau s'élancent à la fois,
O prodige ! et, couverts d'une écaille étrangère,
Se vont, légers dauphins, cacher sous l'onde amère.

XV

L'une, agitant le thyrse environné de lierre,
Vole, frappe le roc; soudain le roc frappé
Lance un torrent liquide à grand bruit échappé.
Son pied presse le sol; et, sous sa plante humide,
Le vin bouillonne, fuit, gronde en fleuve rapide.
Ses doigts vont creuser l'herbe, un lait pur sous ses doigts
Les blanchit, blanchit l'herbe et la tige des bois.
L'autre fait, de son thyrse, entre ses mains vermeilles,
Couler à flots dorés le nectar des abeilles.

XVI

Vénus, quelle déesse a le cœur plus docile !
Aux vœux de son guerrier ne fut point difficile.
Leur bonheur, cependant, que soupçonnaient les dieux,
. . . . et fuyait tous les yeux.
Le soleil, qui voit tout, a vu ce doux mystère ;
Il vole ; et de l'époux enflammant la colère,

Bientôt un dur réseau sait, par l'art de Vulcain,
Ceindre ce lit trompeur d'un invisible airain,
Et dans les bras de Mars enchaînant sa parjure,
Tout le ciel appelé vient et voit son injure.
Chacun rit; on voudrait comme eux être surpris.
L'insensé! qu'ont produit et ses fers et ses cris?
Jusqu'alors, son épouse, à feindre disposée,
Sans honte, désormais, le livre à la risée.
Et tandis qu'à Lemnos ses noirs cyclopes nus,
Faisant taire, la nuit, leurs marteaux suspendus,
Partagent des bons vins sa table abandonnée,
Elle, à des dieux polis dans l'Olympe amenée,
Les voit en un banquet et moins triste et meilleur,
Qu'anime du nectar le breuvage railleur,
Faisant honte à l'hymen d'un lien ridicule,
Sur l'époux forgeron s'égayer sans scrupule.
. . . .
. . . .
. . . .
Leur imite son port et sa marche inégale,
Et comme lui, d'un pas oblique et chancelant,
Court et s'agite et traîne un pied boiteux et lent.

ÉLÉGIES ANTIQUES

ÉLÉGIES ANTIQUES

Le jeune malade

Apollon, dieu sauveur, dieu des savants mystères,
Dieu de la vie, et dieu des plantes salutaires,
Dieu vainqueur de Python, dieu jeune et triomphant,
Prends pitié de mon fils, de mon unique enfant !
Prends pitié de sa mère aux larmes condamnée,
Qui ne vit que pour lui, qui meurt abandonnée,
Qui n'a pas dû rester pour voir mourir son fils !
Dieu jeune, viens aider sa jeunesse. Assoupis,
Assoupis dans son sein cette fièvre brûlante
Qui dévore la fleur de sa vie innocente.

Apollon ! si jamais, échappé du tombeau,
Il retourne au Ménale avoir soin du troupeau,
Ces mains, ces vieilles mains orneront ta statue
De ma coupe d'onyx à tes pieds suspendue ;
Et, chaque été nouveau, d'un jeune taureau blanc
La hache à ton autel fera couler le sang.

« Eh bien, mon fils, es-tu toujours impitoyable ?
Ton funeste silence est-il inexorable ?
Enfant, tu veux mourir ? Tu veux, dans ses vieux ans,
Laisser ta mère seule avec ses cheveux blancs ?
Tu veux que ce soit moi qui ferme ta paupière ?
Que j'unisse ta cendre à celle de ton père ?
C'est toi qui me devais ces soins religieux,
Et ma tombe attendait tes pleurs et tes adieux.
Parle, parle, mon fils ! quel chagrin te consume ?
Les maux qu'on dissimule en ont plus d'amertume.
Ne lèveras-tu point ces yeux appesantis ?

« — Ma mère, adieu ; je meurs, et tu n'as plus de fils.
Non, tu n'as plus de fils, ma mère bien-aimée.
Je te perds. Une plaie ardente, envenimée,
Me ronge ; avec effort je respire, et je crois
Chaque fois respirer pour la dernière fois.
Je ne parlerai pas. Adieu ; ce lit me blesse,
Ce tapis qui me couvre accable ma faiblesse ;
Tout me pèse et me lasse. Aide-moi, je me meurs.
Tourne-moi sur le flanc. Ah ! j'expire ! ô douleurs !
— Tiens, mon unique enfant, mon fils, prends ce breuvage ;

Sa chaleur te rendra ta force et ton courage.
La mauve, le dictame ont, avec les pavots,
Mêlé leurs sucs puissants qui donnent le repos;
Sur le vase bouillant, attendrie à mes larmes,
Une Thessalienne a composé des charmes.
Ton corps débile a vu trois retours du soleil
Sans connaître Cérès, ni tes yeux le sommeil.
Prends, mon fils, laisse-toi fléchir à ma prière;
C'est ta mère, ta vieille inconsolable mère
Qui pleure, qui jadis te guidait pas à pas,
T'asseyait sur son sein, te portait dans ses bras;
Que tu disais aimer, qui t'apprit à le dire,
Qui chantait, et souvent te forçait à sourire
Lorsque tes jeunes dents, par de vives douleurs,
De tes yeux enfantins faisaient couler des pleurs.
Tiens, presse de ta lèvre, hélas! pâle et glacée,
Par qui cette mamelle était jadis pressée.
Que ce suc te nourrisse et vienne à ton secours,
Comme autrefois mon lait nourrit tes premiers jours.

« — O coteaux d'Érymanthe! ô vallons! ô bocage!
O vent sonore et frais qui troublait le feuillage,
Et faisait frémir l'onde, et sur leur jeune sein
Agitait les replis de leur robe de lin!
De légères beautés troupe agile et dansante...
Tu sais, tu sais, ma mère? aux bords de l'Érymanthe,
Là, ni loups ravisseurs, ni serpents, ni poisons...
O visage divin! ô fêtes! ô chansons!
Des pas entrelacés, des fleurs, une onde pure,

Aucun lieu n'est si beau dans toute la nature.
Dieux ! ces bras et ces flancs, ces cheveux, ces pieds nus,
Si blancs, si délicats ! je ne te verrai plus !
Oh ! portez, portez-moi sur les bords d'Érymanthe ;
Que je la voie encor, cette vierge dansante !
Oh ! que je voie au loin la fumée à longs flots
S'élever de ce toit au bord de cet enclos...
Assise à tes côtés, ses discours, sa tendresse,
Sa voix ! trop heureux père ! enchante ta vieillesse.
Dieux ! par-dessus la haie élevée en remparts,
Je la vois, à pas lents, en longs cheveux épars,
Seule, sur un tombeau, pensive, inanimée,
S'arrêter et pleurer sa mère bien-aimée.
Oh ! que tes yeux sont doux ! que ton visage est beau !
Viendras-tu point aussi pleurer sur mon tombeau ?
Viendras-tu point aussi, la plus belle des belles,
Dire sur mon tombeau : « Les Parques sont cruelles !

« — Ah ! mon fils, c'est l'amour, c'est l'amour insensé
Qui t'a jusqu'à ce point cruellement blessé ?
Ah ! mon malheureux fils ! Oui, faibles que nous sommes,
C'est toujours cet amour qui tourmente les hommes.
S'ils pleurent en secret, qui lira dans leur cœur
Verra que c'est toujours cet amour en fureur.
Mais, mon fils, mais dis-moi, quelle belle dansante,
Quelle vierge as-tu vue au bord de l'Érymanthe ?
N'es-tu pas riche et beau ? du moins quand la douleur
N'avait point de ta joue éteint la jeune fleur !
Parle. Est-ce cette Églé, fille du roi des ondes,

Ou cette jeune Irène aux longues tresses blondes?
Ou ne sera-ce point cette fière beauté
Dont j'entends le beau nom chaque jour répété,
Dont j'apprends que partout les belles sont jalouses?
Qu'aux temples, aux festins, les mères, les épouses,
Ne sauraient voir, dit-on, sans peine et sans effroi?
Cette belle Daphné?... — Dieux! ma mère, tais-toi,
Tais-toi. Dieux! qu'as-tu dit? Elle est fière, inflexible;
Comme les immortels, elle est belle et terrible!
Mille amants l'ont aimée; ils l'ont aimée en vain.
Comme eux j'aurais trouvé quelque refus hautain.
Non, garde que jamais elle soit informée...
Mais, ô mort! ô tourment! ô mère bien-aimée!
Tu vois dans quels ennuis dépérissent mes jours.
Ma mère bien-aimée, ah! viens à mon secours :
Je meurs; va la trouver : que tes traits, que ton âge,
De sa mère à ses yeux offrent la sainte image.
Tiens, prends cette corbeille et nos fruits les plus beaux,
Prends notre Amour d'ivoire, honneur de ces hameaux,
Prends la coupe d'onyx à Corinthe ravie,
Prends mes jeunes chevreaux, prends mon cœur, prends ma vie,
Jette tout à ses pieds; apprends-lui qui je suis;
Dis-lui que je me meurs, que tu n'as plus de fils.
Tombe aux pieds du vieillard, gémis, implore, presse;
Adjure cieux et mers, dieu, temple, autel, déesse.
Pars; et si tu reviens sans les avoir fléchis,
Adieu, ma mère, adieu, tu n'auras plus de fils.

« — J'aurai toujours un fils, va, la belle Espérance

Me dit... » Elle s'incline, et, dans un doux silence,
Elle couvre ce front, terni par les douleurs,
De baisers maternels entremêlés de pleurs.
Puis elle sort en hâte, inquiète et tremblante,
Sa démarche est de crainte et d'âge chancelante.
Elle arrive; et bientôt revenant sur ses pas,
Haletante, de loin : « Mon cher fils, tu vivras,
Tu vivras. » Elle vient s'asseoir près de la couche.
Le vieillard la suivait, le sourire à la bouche.
La jeune belle aussi, rouge et le front baissé,
Vient, jette sur le lit un coup d'œil. L'insensé
Tremble; sous ses tapis il veut cacher sa tête.
« Ami, depuis trois jours tu n'es d'aucune fête,
Dit-elle; que fais-tu ? Pourquoi veux-tu mourir ?
Tu souffres. On me dit que je peux te guérir;
Vis, et formons ensemble une seule famille :
Que mon père ait un fils et ta mère une fille. »

II

Néère

Néère, ne va plus te confier aux flots,
De peur d'être déesse, et que les matelots,
N'invoquent, au milieu de la tourmente amère,

La blanche Galatée et la blanche Néère.
. . . .
                                                    .

Mais telle qu'à sa mort, pour la dernière fois,
Un beau cygne soupire, et de sa douce voix,
De sa voix qui bientôt lui doit être ravie,
Chante, avant de partir, ses adieux à la vie,
Ainsi, les yeux remplis de langueur et de mort,
Pâle, elle ouvrit sa bouche en un dernier effort :

« O vous, du Sébéthus naïades vagabondes,
Coupez sur mon tombeau vos chevelures blondes.
Adieu, mon Clinias! moi, celle qui te plus,
Moi, celle qui t'aimai, que tu ne verras plus.
O cieux, ô terre, ô mer, prés, montagnes, rivages,
Fleurs, bois mélodieux, vallons, grottes sauvages,
Rappelez-lui souvent, rappelez-lui toujours
Néère tout son bien, Néère ses amours;
Cette Néère, hélas! qu'il nommait sa Néère,
Qui, pour lui criminelle, abandonna sa mère;
Qui, pour lui fugitive, errant de lieux en lieux,
Aux regards des humains n'osa lever les yeux.
Oh! soit que l'astre pur des deux frères d'Hélène
Calme sous ton vaisseau la vague ionienne,
Soit qu'aux bords de Pœstum, sous ta soigneuse main,
Les roses deux fois l'an couronnent ton jardin,
Au coucher du soleil, si ton âme attendrie
Tombe en une muette et molle rêverie,
Alors, mon Clinias, appelle, appelle-moi.

Je viendrai, Clinias; je volerai vers toi.
Mon âme vagabonde, à travers le feuillage,
Frémira; sur les vents ou sur quelque nuage
Tu la verras descendre, ou du sein de la mer,
S'élevant comme un songe, étinceler dans l'air,
Et ma voix, toujours tendre et doucement plaintive,
Caresser, en fuyant, ton oreille attentive. »

III

La jeune Tarentine

Pleurez, doux alcyons! ô vous oiseaux sacrés,
Oiseaux chers à Thétis, doux alcyons, pleurez!
Elle a vécu, Myrto, la jeune Tarentine!
Un vaisseau la portait aux bords de Camarine :
Là, l'hymen, les chansons, les flûtes, lentement
Devaient la reconduire au seuil de son amant.
Une clef vigilante a, pour cette journée,
Dans le cèdre enfermé sa robe d'hyménée,
Et l'or dont au festin ses bras seraient parés,
Et pour ses blonds cheveux les parfums préparés.
Mais seule, sur la proue, invoquant les étoiles,
Le vent impétueux qui soufflait dans les voiles
L'enveloppe : étonnée et loin des matelots,
Elle crie, elle tombe, elle est au sein des flots.

Elle est au sein des flots, la jeune Tarentine
Son beau corps a roulé sous la vague marine.
Thétis, les yeux en pleurs, dans le creux d'un rocher,
Aux monstres dévorants eut soin de le cacher.
Par ses ordres bientôt les belles Néréides
L'élèvent au-dessus des demeures humides,
Le portent au rivage, et dans ce monument
L'ont au cap du Zéphyr déposé mollement;
Puis de loin, à grands cris appelant leurs compagnes,
Et les nymphes des bois, des sources, des montagnes,
Toutes, frappant leur sein et traînant un long deuil,
Répétèrent, hélas! autour de son cercueil :

« Hélas! chez ton amant tu n'es point ramenée;
Tu n'as point revêtu ta robe d'hyménée;
L'or autour de tes bras n'a point serré de nœuds;
Les doux parfums n'ont point coulé sur tes cheveux. »

IV

Chrysé

Pourquoi, belle Chrysé, t'abandonnant aux voiles,
T'éloigner de nos bords sur la foi des étoiles?

Dieux! je t'ai vue en songe, et, de terreur glacé,
J'ai vu sur des écueils ton vaisseau fracassé,
Ton corps flottant sur l'onde, et tes bras avec peine
Cherchant à repousser la vague ionienne.
Les filles de Nérée ont volé près de toi.
Leur sein fut moins troublé de douleur et d'effroi,
Quand du bélier doré, qui traversait leurs ondes,
La jeune Hellé tomba dans leurs grottes profondes.
Oh! que j'ai craint de voir à cette mer, un jour,
Tiphys donner ton nom et plaindre mon amour!
Que j'adressai de vœux aux dieux de l'onde amère!
Que de vœux à Neptune, à Castor, à son frère!
Glaucus ne te vit point; car sans doute avec lui,
Déesse, au sein des mers tu vivrais aujourd'hui.
Déjà tu n'élevais que des mains défaillantes;
Tu me nommais déjà de tes lèvres mourantes,
Quand, pour te secourir, j'ai vu fendre les flots
Au dauphin qui sauva le chanteur de Lesbos.

V

Amymone

Salut, belle Amymone! et salut, onde amère,
A qui je dois la belle à mes regards si chère!

Assise dans sa barque, elle franchit les mers.
Son écharpe à longs plis serpente dans les airs.
Ainsi l'on vit Thétis flottant vers le Pénée,
Conduite à son époux par le blond Hyménée,
Fendre la plaine humide, et, se tenant au frein,
Presser le dos glissant d'un agile dauphin.
Si tu fusses tombée en ces gouffres liquides,
La troupe aux cheveux noirs des fraîches Néréides
A ton aspect sans doute aurait eu de l'effroi,
Mais pour te secourir n'eût point volé vers toi.
Près d'elles descendue, à leurs yeux exposée,
Opis et Cymodoce et la blanche Nésée
Eussent rougi d'envie, et sur tes doux attraits
Cherché, non sans dépit, quelques défauts secrets;
Et loin de toi chacune, avec un soin extrême,
Sous un roc de corail menant le dieu qu'elle aime,
L'eût tourmenté de cris amers, injurieux,
S'il avait en partant jeté sur toi les yeux.
. . . .

VI

L'esclave

Dire en quatre vers que, sur le rivage de telle île (la plus près de Délos), un jeune esclave délien venait dire ceci chaque jour :

Ah ! vierge infortunée ! était-ce la douleur
Qui devait de ton front cueillir la jeune fleur ?
Mais, oh oui ! que ton cœur soit nourri d'amertume,
Que des pâles regrets la langueur te consume !
Plutôt que si, crédule à de nouveaux amants,
Ils égaraient ta bouche en de nouveaux serments,
Et de vœux et d'amour enivrant ton oreille,
Ranimaient de ton front l'allégresse vermeille.
Ah dieux ! quand je péris ! quand l'absence et l'amour,
Me versent du poison sur chaque instant du jour,
Quand les rides d'ennui flétrissent ma jeunesse,
Si quelque audacieux et t'assiège et te presse,
Si sa main se promet de posséder ta main,
Si, sans voir dans tes yeux ni courroux ni dédain,
Il dit : « C'est donc aux morts que tu vis enchaînée ?
Vierge, un deuil solitaire est donc ton hyménée ?

Est-ce à toi de vieillir en des pleurs superflus ?
Il ne reviendra pas ; sans doute il ne vit plus ! »
Il vit, il vit encore. Il revient. Tremble ! Arrête.
Crains que mon désespoir n'invoque sur ta tête
Les dieux persécuteurs de qui manque à sa foi !
Cette main, ces serments, ces baisers sont à moi.
Gardez-la-moi, Gémeaux, fils et rois de notre île !
Notre amour, sous vos yeux, croissait dans votre asile,
Et Junon Illythie, et vous tous, dieux témoins,
Qui du lit nuptial prenez d'augustes soins,
N'oubliez point l'absent que les humains oublient !
Je la confie à vous. Que les nœuds qui nous lient,
Les ordres maternels, ma voix, nos premiers ans,
Vos foudres, le remords toujours, toujours présents,
M'environnant son cœur d'une garde éternelle,
. . . .
Si de quelque entretien l'insidieux détour
Voulait lui déguiser quelque amorce d'amour,
Tonnez, et qu'elle fuie. Au sein des nuits peureuses,
Faites entrer la foule aux ailes ténébreuses
Des songes messagers de terreur et d'effroi,
Pour me remplir ce lit qui n'est permis qu'à moi.
Agitez son sommeil de lugubres images,
Montrez-lui, montrez-lui, sur de lointains rivages,
Seul, son nom à la bouche, et pâle et furieux,
Ce malheureux qui meurt en attestant les dieux !
Nourrice d'Apollon, etc. . . . .
Mer vaste . . . .
. . . . . . Et tes flots qui brisent les vaisseaux

Sont, auprès de mon cœur, et calmes et tranquilles.
. . . .

Triste vieillard, depuis que pour tes cheveux blancs
Il n'est plus de soutien de tes jours chancelants,
Que ton fils orphelin n'est plus à son vieux père,
Renfermé sous ton toit et fuyant la lumière,
Un sombre ennui t'opprime et dévore ton sein.
Sur ton siège de hêtre, ouvrage de ma main,
Sourd à tes serviteurs, à tes amis eux-mêmes,
Le front baissé, l'œil sec, et le visage blême,
Tout le jour en silence, à ton foyer assis,
Tu restes pour attendre ou la mort ou ton fils.
Et toi, toi, que fais-tu, seule et désespérée,
De ton faon dans les fers lionne séparée ?
J'entends ton abandon lugubre et gémissant,
Sous tes mains en fureur ton sein retentissant,
Ton deuil pâle, éploré, promené par la ville,
Tes cris, tes longs sanglots remplissant toute l'île.
Les citoyens de loin reconnaissent tes pleurs.
« La voici, disent-ils, la femme de douleurs ! »
L'étranger, te voyant mourante, échevelée,
Demande : « Qu'as-tu donc, ô femme désolée ! »
Ce qu'elle a ? tous les dieux contre elle sont unis :
La femme désolée, elle a perdu son fils.
Son fils esclave meurt loin de sa main chérie.

Après son discours il se lève... mais la jeune... cachée, l'avait écouté, et, tout en larmes, courut à son père... O mon père, tu m'as promis de m'unir bientôt à,..: Celui-ci pleure son

amante,... viens le voir au rivage, il invoque la mort, il pleure...
Rends-lui sa liberté.
 Une larme vient humecter la paupière du vieillard...

« Eh bien, dit-il, enfant, puisqu'ainsi tu le veux,
Marchons. Ce jeune esclave est donc bien malheureux ?
Quel mortel est heureux ? Nous souffrons tous. Il pleure ?
J'ai pleuré. Jupiter dans sa haute demeure,
Dit encor le poète, a deux grands vases pleins
Des destins de la terre et du sort des humains.
L'un contient les plaisirs, les succès, l'allégresse,
L'autre les durs revers, les larmes, la tristesse.
Jupiter, à l'instant que nous venons au jour,
Dans ces vases, pour nous, va puisant tour à tour,
Et nous mêle une vie, hélas ! souvent amère.
Plus d'un mortel n'ont part qu'au vase de misère ;
Mais le dieu ne veut pas que nul mortel jamais
S'abreuve sans mélange au vase des bienfaits.
Et ceux-là sont heureux et sont dignes d'envie
Qui pleurent seulement la moitié de leur vie. »

Il s'approche, et mettant les deux mains sur sa tête :
« Oui, sois libre, Hermias !... Phœbus conservateur,
Jupiter protecteur, sauveur, libérateur,
Et vous, dieux infernaux, et vous, sœurs vengeresses,
Et qui que vous soyez, hommes, dieux et déesses,
Je vous prends à témoin qu'Hermias de Délos
Est libre. — Va, mon fils, et repasse les flots.
Revois de ta Délos la rive fortunée ;
Dis à ta belle amante, aux autels d'Hyménée,

Qu'Ariston de Thénos est un vieillard pieux,
Qui porte un cœur humain et respecte les dieux. »

VII

Épitaphe

Mes Mânes à Clytie : « Adieu, Clytie, adieu.
Est-ce toi dont les pas ont visité ce lieu
Parle. Est-ce toi, Clytie, ou dois-je attendre encore?
Ah! si tu ne viens pas seule ici, chaque aurore,
Rêver au peu de jours où je vivais pour toi,
Voir cette ombre qui t'aime et parler avec moi,
D'Élysée à mon cœur la paix devient amère,
Et la terre à mes os ne sera plus légère.
Chaque fois qu'en ces lieux un air frais au matin
Vient caresser ta bouche et voler sur ton sein,
Pleure, pleure, c'est moi; pleure, fille adorée;
C'est mon âme qui fuit sa demeure sacrée,
Et sur ta bouche encore aime à se reposer.
Pleure, ouvre-lui tes bras et rends-lui son baiser. »

VIII

Tu gémis, sur l'Ida, mourante, échevelée,
O reine, ô de Minos épouse désolée !
Heureuse si jamais, dans ses riches travaux,
Cérès n'eût pour le joug élevé des troupeaux !
Certe, aux antres d'Amnise, assez votre Lucine
Donnait de beaux neveux aux mères de Gortyne ;
Certes, vous élevez, aux gymnases crétois,
D'autres jeunes troupeaux plus dignes de ton choix.
Tu voles épier sous quelle yeuse obscure,
Tranquille, il ruminait son antique pâture,
Quel lit de fleurs reçut ses membres nonchalants,
Quelle onde a ranimé l'albâtre de ses flancs.
O nymphes, entourez, fermez, nymphes de Crète,
De ces vallons, fermez, entourez la retraite,
Si peut-être vers lui des vestiges épars
Ne viendront point guider mes pas et mes regards.
Insensée ! à travers ronces, forêts, montagnes,
Elle court. O fureur ! dans les vertes campagnes,
Une belle génisse à son superbe amant
Adressait devant elle un doux mugissement.
« La perfide mourra. Jupiter la demande. »
Elle-même à son front attache la guirlande,
L'entraîne, et sur l'autel prenant le fer vengeur :

« Sois belle maintenant, et plais à mon vainqueur. »
Elle frappe. Et sa haine, à la flamme lustrale,
Rit de voir palpiter le cœur de sa rivale.

IX

« Fuis, ne me livre point. Pars avant son retour;
Lève-toi; pars, adieu; qu'il n'entre et que ta vue
Ne cause un grand malheur, et je serais perdue!
Tiens, regarde, adieu, pars : ne vois-tu pas le jour? »
Nous aimions sa naïve et riante folie,
Quand soudain, se levant, un sage d'Italie
Maigre, pâle, pensif, qui n'avait point parlé,
Pieds nus, la barbe noire, un sectateur zélé
Du muet de Samos qu'admire Métaponte,
Dit : « Locriens perdus, n'avez-vous pas de honte?
Des mœurs saintes jadis furent votre trésor.
Vos vierges, aujourd'hui, riches de pourpre et d'or,
Ouvrent leur jeune bouche à des chants adultères
Hélas! qu'avez-vous fait des maximes austères
De ce berger sacré que Minerve autrefois
Daignait former en songe à vous donner des lois? »
Disant ces mots, il sort... Elle était interdite,
Son œil noir s'est mouillé d'une larme subite;
Nous l'avons consolée, et ses ris ingénus,
Ses chansons, sa gaîté, sont bientôt revenus.

Un jeune Thurien, aussi beau qu'elle est belle
(Son nom m'est inconnu), sortit presque avec elle :
Je crois qu'il la suivit et lui fit oublier
Le grave Pythagore et son grave écolier.

X

Dryas

Tout est-il prêt? partons. Oui, le mât est dressé;
Adieu donc; sur les bancs le rameur est placé;
La voile, ouverte aux vents, s'enfle et s'agite et flotte;
Déjà le gouvernail tourne aux mains du pilote.
Insensé! vainement le serrant dans leurs bras,
Femme, enfants, tout se jette au-devant de ses pas;
Il monte, on lève l'ancre. Élevé sur la poupe,
Il remplit et couronne une écumante coupe,
Prie, et la verse aux dieux qui commandent aux flots.
Tout retentit de cris, adieux des matelots.
Sur sa famille en pleurs il tourne encor la vue,
Et des yeux et des mains longtemps il les salue.
Insensé! vainement une fois averti!
On détache le câble; il part; il est parti!
Car il ne voyait pas que bientôt sur sa tête
L'automne impétueux amassant la tempête

L'attendait au passage, et là, loin de tout bord,
Lui préparait bientôt le naufrage et la mort.
« Dieux de la mer Égée, ô vents, ô dieux humides,
Glaucus et Palémon, et blanches Néréides,
Sauvez, sauvez Dryas. Déjà voisin du port,
Entre la terre et moi je rencontre la mort.
Mon navire est brisé. Sous les ondes avares
Tous les miens ont péri. Dieux ! rendez-moi mes lares !
Dieux ! entendez les cris d'un père et d'un époux !
Sauvez, sauvez Dryas, il s'abandonne à vous. »
Il dit, plonge, et, perdant au sein de la tourmente
La planche, sous ses pieds fugitive et flottante,
Nage, et lutte, et ses bras et ses efforts nombreux,
Et la vague en roulant sur les sables pierreux,
Blême, expirant, couvert d'une écume salée,
Le vomit. Sa famille errante, échevelée,
Qui perçait l'air de cris et se frappait le sein,
Court, le saisit, l'entraîne, et, le fer à la main,
Rendant grâces aux flots d'avoir sauvé sa tête,
Offre une brebis noire à la noire tempête.

. . . .

J'étais père, et je meurs victime du naufrage.
Adieu, ma femme, adieu, mes chers enfants. O toi,
Nautonier, de retour, si tu tiens le rivage,
Reste avec tes enfants, sois plus sage que moi.

IDYLLES

IDYLLES

I

La Liberté

UN CHEVRIER, UN BERGER

LE CHEVRIER.

Berger, quel es-tu donc? qui t'agite? et quels dieux
De noirs cheveux épars enveloppent tes yeux?

LE BERGER.

Blond pasteur de chevreaux, oui, tu veux me l'apprendre;
Oui, ton front est plus beau, ton regard est plus tendre.

LE CHEVRIER.

Quoi! tu sors de ces monts où tu n'as vu que toi,
Et qu'on n'approche point sans peine et sans effroi!

LE BERGER.

Tu te plais mieux sans doute au bois, à la prairie;
Tu le peux. Assieds-toi parmi l'herbe fleurie;
Moi, sous un antre aride, en cet affreux séjour,
Je me plais sur le roc à voir passer le jour.

LE CHEVRIER.

Mais Cérès a maudit cette terre âpre et dure;
Un noir torrent pierreux y roule une onde impure;
Tous ces rocs, calcinés sous un soleil rongeur,
Brûlent et font hâter les pas du voyageur.
Point de fleurs, point de fruits, nul ombrage fertile
N'y donne au rossignol un balsamique asile.
Quelque olivier au loin, maigre fécondité,
Y rampe et fait mieux voir leur triste nudité,
Comment as-tu donc su d'herbes accoutumées
Nourrir dans ce désert tes brebis affamées?

LE BERGER.

Que m'importe! est-ce à moi qu'appartient ce troupeau?
Je suis esclave.

LE CHEVRIER.

   Au moins un rustique pipeau
A-t-il chassé l'ennui de ton rocher sauvage?
Tiens, veux-tu cette flûte? Elle fut mon ouvrage.
Prends : sur ce buis, fertile en agréables sons,
Tu pourras des oiseaux imiter les chansons.

LE BERGER.

Non, garde tes présents. Les oiseaux de ténèbres,
La chouette et l'orfraie, et leurs accents funèbres;
Voilà les seuls chanteurs que je veuille écouter;
Voilà quelles chansons je voudrais imiter.
Ta flûte sous mes pieds serait bientôt brisée :
Je hais tous vos plaisirs. Les fleurs et la rosée,
Et de vos rossignols les soupirs caressants,
Rien ne plaît à mon cœur, rien ne flatte mes sens :
Je suis esclave.

LE CHEVRIER.

    Hélas! que je te trouve à plaindre!
Oui, l'esclavage est dur; oui, tout mortel doit craindre
De servir, de plier sous une injuste loi,
De vivre pour autrui, de n'avoir rien à soi.
Protège-moi toujours, ô Liberté chérie!
O mère des vertus, mère de la patrie!

LE BERGER.

Va, patrie et vertu ne sont que de vains noms.
Toutefois tes discours sont pour moi des affronts :
Ton prétendu bonheur et m'afflige et me brave;
Comme moi, je voudrais que tu fusses esclave.

LE CHEVRIER.

Et moi, je te voudrais libre, heureux comme moi.
Mais les dieux n'ont-ils point de remède pour toi?

Il est des baumes doux, des lustrations pures
Qui peuvent de notre âme assoupir les blessures,
Et de magiques chants qui tarissent les pleurs.

LE BERGER.

Il n'en est point; il n'est pour moi que des douleurs :
Mon sort est de servir, il faut qu'il s'accomplisse.
Moi, j'ai ce chien aussi qui tremble à mon service;
C'est mon esclave aussi. Mon désespoir muet
Ne peut rendre qu'à lui tous les maux qu'on me fait.

LE CHEVRIER.

La terre, notre mère, et sa douce richesse
Ne peut-elle, du moins, égayer ta tristesse?
Vois combien elle est belle! et vois l'été vermeil,
Prodigue de trésors, brillant fils du soleil
Qui vient, fertile amant d'une heureuse culture,
Varier du printemps l'uniforme verdure;
Vois le jeune abricot, sous les yeux d'un beau ciel,
Arrondir son fruit doux et blond comme le miel;
Vois la pourpre des fleurs, dont le pêcher se pare,
Nous annoncer l'éclat des fruits qu'il nous prépare.
Au bord de ces prés verts regarde ces guérets,
De qui les blés touffus, jaunissantes forêts,
Du joyeux moissonneur attendent la faucille.
D'agrestes déités quelle noble famille!
La Récolte et la Paix, aux yeux purs et sereins,
Les épis sur le front, les épis dans les mains,

Qui viennent sur les pas de la belle Espérance,
Verser la corne d'or où fleurit l'Abondance.

LE BERGER.

Sans doute qu'à tes yeux elles montrent leurs pas;
Moi, j'ai des yeux d'esclave, et je ne les vois pas.
Je n'y vois qu'un sol dur, laborieux, servile,
Que j'ai, non pas pour moi, contraint d'être fertile;
Où, sous un ciel brûlant, je moissonne le grain
Qui va nourrir un autre, et me laisse ma faim.
Voilà quelle est la terre. Elle n'est point ma mère,
Elle est pour moi marâtre; et la nature entière
Est plus nue à mes yeux, plus horrible à mon cœur,
Que ce vallon de mort qui te fait tant d'horreur.

LE CHEVRIER.

Le soin de tes brebis, leur voix douce et paisible,
N'ont-ils donc rien qui plaise à ton âme insensible?
N'aimes-tu point à voir les jeux de tes agneaux?
Moi, je me plais auprès de mes jeunes chevreaux;
Je m'occupe à leurs jeux, j'aime leur voix bêlante;
Et quand sur la rosée et sur l'herbe brillante
Vers leur mère en criant je les vois accourir,
Je bondis avec eux de joie et de plaisir.

LE BERGER.

Ils sont à toi : mais moi, j'eus une autre fortune;
Ceux-ci de mes tourments sont la cause importune.

Deux fois, avec ennui, promenés chaque jour,
Un maître soupçonneux nous attend au retour.
Rien ne le satisfait : ils ont trop peu de laine ;
Ou bien ils sont mourants, ils se traînent à peine ;
En un mot, tout est mal. Si le loup quelquefois
En saisit un, l'emporte et s'enfuit dans le bois,
C'est ma faute ; il fallait braver ses dents avides.
Je dois rendre les loups innocents et timides !
Et puis, menaces, cris, injure, emportements,
Et lâches cruautés qu'il nomme châtiments.

LE CHEVRIER.

Toujours à l'innocent les dieux sont favorables :
Pourquoi fuir leur présence, appui des misérables ?
Autour de leurs autels, parés de nos festons,
Que ne viens-tu danser, offrir de simples dons,
Du chaume, quelques fleurs, et, par ces sacrifices,
Te rendre Jupiter et les nymphes propices ?

LE BERGER.

Non ; les danses, les jeux, les plaisirs des bergers
Sont à mon triste cœur des plaisirs étrangers.
Que parles-tu de dieux, de nymphes et d'offrandes ?
Moi, je n'ai pour les dieux ni chaume ni guirlandes ;
Je les crains, car j'ai vu leur foudre et leurs éclairs ;
Je ne les aime pas : ils m'ont donné des fers.

LE CHEVRIER.

Eh bien, que n'aimes-tu ? Quelle amertume extrême

Résiste aux doux souris d'une vierge qu'on aime?
L'autre jour, à la mienne, en ce bois fortuné,
Je vins offrir le don d'un chevreau nouveau-né.
Son œil tomba sur moi, si doux, si beau, si tendre!...
Sa voix prit un accent!... Je crois toujours l'entendre.

LE BERGER.

Eh! quel œil virginal voudrait tomber sur moi?
Ai-je, moi, des chevreaux à donner comme toi?
Chaque jour, par ce maître inflexible et barbare,
Mes agneaux sont comptés avec un soin avare.
Trop heureux quand il daigne à mes cris superflus
N'en pas redemander plus que je n'en reçus!
O juste Némésis! si jamais je puis être
Le plus fort à mon tour, si je puis me voir maître,
Je serai dur, méchant, intraitable, sans foi,
Sanguinaire, cruel, comme on l'est avec moi!

LE CHEVRIER.

Et moi, c'est vous qu'ici pour témoins j'en appelle,
Dieux! de mes serviteurs la cohorte fidèle
Me trouvera toujours humain, compatissant,
A leurs justes désirs facile et complaisant,
Afin qu'ils soient heureux et qu'ils aiment leur maître,
Et bénissent en paix l'instant qui les vit naître.

LE BERGER.

Et moi, je le maudis, cet instant douloureux
Qui me donna le jour pour être malheureux;

Pour agir quand un autre exige, veut, ordonne ;
Pour n'avoir rien à moi, pour ne plaire à personne ;
Pour endurer la faim, quand ma peine et mon deuil
Engraissent d'un tyran l'indolence et l'orgueil.

LE CHEVRIER.

Berger infortuné ! ta plaintive détresse
De ton cœur dans le mien fait passer la tristesse.
Vois cette chèvre mère et ces chevreaux, tous deux
Aussi blancs que le lait qu'elle garde pour eux ;
Qu'ils aillent avec toi, je te les abandonne.
Adieu, puisse du moins ce peu que je te donne
De ta triste mémoire effacer tes malheurs,
Et, soigné par tes mains, distraire tes douleurs !

LE BERGER.

Oui, donne et sois maudit ; car, si j'étais plus sage...
Ces dons sont pour mon cœur d'un sinistre présage :
De mon despote avare ils choqueront les yeux.
Il ne croit pas qu'on donne : il est fourbe, envieux :
Il dira que chez lui j'ai volé le salaire
Dont j'aurai pu payer les chevreaux et la mère ;
Et, d'un si bon prétexte ardent à se servir,
C'est à moi que lui-même il viendra les ravir.

(Commencé le vendredi au soir 10, et fini le dimanche au soir, 12 mars 1787.)

II

Mnazile et Chloé

CHLOÉ.

Fleurs, bocage sonore, et mobiles roseaux
Où murmure Zéphyre au murmure des eaux,
Parlez! le beau Mnazile est-il sous vos ombrages?
Il visite souvent vos paisibles rivages.
Souvent j'écoute, et l'air qui gémit dans vos bois
A mon oreille au loin vient apporter sa voix.

MNAZILE.

Onde, mère des fleurs, naïade transparente
Qui pressez mollement cette enceinte odorante,
Amenez-y Chloé, l'amour de mes regards!
Vos bords m'offrent souvent ses vestiges épars.
Souvent ma bouche vient, sous vos sombres allées,
Baiser l'herbe et les fleurs que ses pas ont foulées.

CHLOÉ.

Oh! s'il pouvait savoir quel amoureux ennui
Me rend cher ce bocage où je rêve de lui!

Peut-être je devrais d'un souris favorable
L'inviter, l'engager à me trouver aimable.

MNAZILE.

Si, pour m'encourager, quelque dieu bienfaiteur
Lui disait que son nom fait palpiter mon cœur!
J'aurais dû l'inviter, d'une voix douce et tendre,
A se laisser aimer, à m'aimer, à m'entendre.

CHLOÉ.

Ah! je l'ai vu; c'est lui. Dieu! je vais lui parler!
O ma bouche! ô mes yeux! gardez de vous troubler.

MNAZILE.

Le feuillage a frémi. Quelque robe légère...
C'est elle! ô mes regards! ayez soin de vous taire.

CHLOÉ.

Quoi! Mnazile est ici! Seule, errante, mes pas
Cherchaient ici le frais et ne t'y croyaient pas.

MNAZILE.

Seul, au bord de ces flots que le tilleul couronne,
J'avais fui le soleil et n'attendais personne.

III

Daphnis, Naïs

DAPHNIS.

Hélène daigna suivre un berger ravisseur ;
Berger comme Pâris, j'embrasse mon Hélène.

NAÏS.

C'est trop t'enorgueillir d'une faveur si vaine.

DAPHNIS.

Ah ! ces baisers si vains ne sont pas sans douceur.

NAÏS.

Tiens, ma bouche essuyée en a perdu la trace.

DAPHNIS.

Eh bien, d'autres baisers en vont prendre la place.

NAÏS.

Adresse ailleurs ces vœux dont l'ardeur me poursuit.
Va, respecte une vierge.

DAPHNIS.

Imprudente bergère !
Ta jeunesse te flatte; ah ! n'en sois point si fière :
Comme un songe insensible elle s'évanouit.

NAÏS.

Chaque âge a ses honneurs, et la saison dernière
Aux fleurs de l'oranger fait succéder son fruit.

DAPHNIS.

Viens sous ces oliviers; j'ai beaucoup à te dire.

NAÏS.

Non; déjà tes discours ont voulu me tenter.

DAPHNIS.

Suis-moi sous ces ormeaux; viens, de grâce, écouter
Les sons harmonieux que ma flûte respire :
J'ai fait pour toi des airs, je te les veux chanter;
Déjà tout le vallon aime à les répéter.

NAÏS.

Va, tes airs langoureux ne sauraient me séduire.

DAPHNIS.

Eh quoi! seule à Vénus penses-tu résister?

NAÏS.

Je suis chère à Diane; elle me favorise.

DAPHNIS.

Vénus a des liens qu'aucun pouvoir ne brise.

NAÏS.

Diane saura bien me les faire éviter.
Berger, retiens ta main. . berger, crains ma colère.

DAPHNIS.

Quoi! tu veux fuir l'Amour! l'Amour, à qui jamais
Le cœur d'une beauté ne pourra se soustraire?

NAÏS.

Oui, je veux le braver... Ah!... si je te suis chère...
Berger... retiens ta main... laisse mon voile en paix.

DAPHNIS.

Toi-même, hélas! bientôt livreras ces attraits
A quelque autre berger bien moins digne de plaire.

NAÏS.

Beaucoup m'ont demandée, et leurs désirs confus
N'obtinrent, avant toi, qu'un refus pour salaire.

DAPHNIS.

Et je ne dois comme eux attendre qu'un refus?

NAÏS.

Hélas! l'hymen aussi n'est qu'une loi de peine;
Il n'apporte, dit-on, qu'ennuis et que douleurs.

DAPHNIS.

On ne te l'a dépeint que de fausses couleurs :
Les danses et les jeux, voilà ce qu'il amène.

NAÏS.

Une femme est esclave.

DAPHNIS.

                    Ah! plutôt elle est reine.

NAÏS.

Tremble près d'un époux et n'ose lui parler.

DAPHNIS.

Eh! devant qui ton sexe est-il fait pour trembler?

NAÏS.

A des travaux affreux Lucine nous condamne.

DAPHNIS.

Il est bien doux alors d'être chère à Diane.

NAÏS.

Quelle beauté survit à ces rudes combats?

DAPHNIS.

Une mère y recueille une beauté nouvelle :
Des enfants adorés feront tous tes appas;
Tu brilleras en eux d'une splendeur plus belle.

NAÏS.

Mais, tes vœux écoutés, quel en serait le prix?

DAPHNIS.

Tout : mes troupeaux, mes bois et ma belle prairie,
Un jardin grand et riche, une maison jolie,
Un bercail spacieux pour tes chères brebis;
Enfin, tu me diras ce qui pourra te plaire :
Je jure de quitter tout pour te satisfaire;
Tout pour toi sera fait aussitôt qu'entrepris.

NAÏS.

Mon père ..

DAPHNIS.

  Oh! s'il n'est plus que lui qui te retienne,
Il approuvera tout dès qu'il saura mon nom.

NAÏS.

Quelquefois il suffit que le nom seul prévienne :
Quel est ton nom ?

DAPHNIS.

  Daphnis. Mon père est Palémon.

NAÏS.

Il est vrai : ta famille est égale à la mienne.

DAPHNIS.

Rien n'éloigne donc plus cette douce union.

NAÏS.

Montre-les-moi, ces bois qui seront mon partage.

DAPHNIS.

Viens ; c'est à ces cyprès de leurs fleurs couronnés.

NAÏS.

Restez, chères brebis, restez sous cet ombrage.

DAPHNIS.

Taureaux, paissez en paix : à celle qui m'engage
Je vais montrer les biens qui lui sont destinés.

NAÏS.

Satyre, que fais-tu ? Quoi ! ta main ose encore...

DAPHNIS.

Eh ! laisse-moi toucher ces fruits délicieux...
Et ce jeune duvet...

NAÏS.

          Berger... au nom des dieux...
Ah !... je tremble...

DAPHNIS.

Et pourquoi? que crains-tu? Je t'adore.
Viens.

NAÏS.

Non, arrête... Vois, cet humide gazon
Va souiller ma tunique, et je serais perdue;
Mon père le verrait.

DAPHNIS.

Sur la terre étendue
Saura te garantir cette épaisse toison.

NAÏS.

Dieux! quel est ton dessein? tu m'ôtes ma ceinture.

DAPHNIS.

C'est un don pour Vénus; vois, son astre nous luit.

NAÏS.

Attends... si quelqu'un vient. Ah! dieux! j'entends du bruit.

DAPHNIS.

C'est ce bois qui de joie et s'agite et murmure.

NAÏS.

Tu déchires mon voile! Où me cacher? Hélas!
Me voilà nue! où fuir?

DAPHNIS.

A ton amant unie,
De plus riches habits couvriront tes appas.

NAÏS.

Tu promets maintenant... Tu préviens mon envie,
Bientôt à mes regrets tu m'abandonneras.

DAPHNIS.

Oh! non! jamais... Pourquoi, grands dieux! ne puis-je pas
Te donner et mon sang, et mon âme, et ma vie?

NAÏS.

Ah!... Daphnis! je me meurs... Apaise ton courroux,
Diane.

DAPHNIS.

Que crains-tu? L'Amour sera pour nous.

NAÏS.

Ah! méchant, qu'as-tu fait?

DAPHNIS.

J'ai signé ma promesse.

NAÏS.

J'entrai fille en ces bois et chère à ma Déesse.

DAPHNIS.

Tu vas en sortir femme et chère à ton époux.

IV

Fragment

Un jeune homme dira :

J'étais un faible enfant qu'elle était grande et belle ;
Elle me souriait et m'appelait près d'elle.
Debout sur ses genoux, mon innocente main
Parcourait ses cheveux, son visage, son sein,
Et sa main quelquefois, aimable et caressante,
Feignait de châtier mon enfance imprudente.
C'est devant ses amants, auprès d'elle confus,
Que la fière beauté me caressait le plus.
Que de fois (mais, hélas ! que sent-on à cet âge ?)
Les baisers de sa bouche ont pressé mon visage !
Et les bergers disaient, me voyant triomphant :
« Oh ! que de biens perdus ! O trop heureux enfant ! »

Plusieurs jeunes filles entourent un petit enfant... le caressent...

— *On dit que tu as fait une chanson pour Pannychis, ta cousine ?...*

— *Oui, je l'aime, Pannychis... elle est belle. Elle a cinq ans comme moi... Nous avons arrondi en berceau ces buissons de roses... nous nous promenons sous cet ombrage... on ne peut nous y troubler, car il est trop bas pour qu'on y puisse entrer. Je lui ai donné une statue de Vénus que mon père m'a faite avec du buis. Elle l'appelle sa fille, elle la couche sur des feuilles de rose dans une écorce de grenade... Tous les amants font toujours des chansons pour leur bergère... Et moi aussi, j'en ai fait une pour elle...*

— *Eh bien, chante-nous ta chanson et nous te donnerons des... et des figues mielleuses...*

— *Donnez-les-moi d'abord et puis je vais chanter... Il tend ses deux mains... on lui donne... et puis, d'une voix claire et douce, il se mit à chanter :*

« Ma belle Pannychis, il faut bien que tu m'aimes :
Nous avons même toit, nos âges sont les mêmes.
Vois comme je suis grand, vois comme je suis beau.
Hier je me suis mis auprès de mon chevreau :
Par Pollux et Minerve ! il ne pouvait qu'à peine
Faire arriver sa tête au niveau de la mienne.
D'une coque de noix, j'ai fait un abri sûr
Pour un beau scarabée étincelant d'azur ;
Il couche sur la laine, et je te le destine.
Ce matin, j'ai trouvé parmi l'algue marine
Une vaste coquille aux brillantes couleurs :
Nous l'emplirons de terre, il y viendra des fleurs.
Je veux, pour te montrer une flotte nombreuse,
Lancer sur notre étang des écorces d'yeuse.

Le chien de la maison est si doux! chaque soir,
Mollement sur son dos je veux te faire asseoir;
Et, marchant devant toi jusques à notre asile,
Je guiderai les pas de ce coursier docile. »

Il s'en va bien baisé, bien caressé... Les jeunes beautés le suivent de loin. Arrivées aux rosiers, elles regardent par-dessus le berceau, sous lequel elles les voient occupés à former avec des buissons de myrtes et de roses un temple de verdure autour d'un petit autel pour leur statue de Vénus, elles rient. Ils lèvent la tête, les voient et leur disent de s'en aller. On les embrasse... Et s'en allant, la jeune Myro dit : ... ô heureux âge... mes compagnes, venez voir aussi chez moi les monuments de notre enfance... j'ai entouré d'une haie, pour le conserver, le jardin que j'avais alors... une chèvre l'aurait brouté tout entier en une heure... C'est là que je vivais avec... là, il m'appelait déjà sa femme et je l'appelais mon époux... nous n'étions pas plus hauts que telle plante... nous nous serions perdus dans une forêt de thym... vous y verrez encore le romarin, et... s'élever en berceau comme des cyprès autour du tombeau de marbre où sont écrits les vers d'Anyté... Mon bien-aimé m'avait donné une cigale et une sauterelle. Elles moururent, je leur élevai ce tombeau parmi le romarin et... j'étais en pleurs... La belle Anyté passa, sa lyre à la main...

— *Qu'as-tu ? me demanda-t-elle.*
— *Ma cigale et ma sauterelle sont mortes...*
— *Ah! me dit-elle, nous devons tous mourir (cinq ou six vers de morale)...*
Puis elle écrivit sur la pierre (l'épigramme d'Anyté).

« O sauterelle, à toi, rossignol des fougères,
A toi, verte cigale, amante des bruyères,
Myro de cette tombe élève les honneurs,
Et sa joue enfantine est humide de pleurs;

Car l'avare Achéron, les sœurs impitoyables,
Ont ravi de ses jeux ces compagnes aimables. »

V

Arcas et Bacchylis

BACCHYLIS.

Tu poursuis Damalis; mais cette blonde tête
Pour le joug de Vénus n'est point encore prête.
C'est une enfant encore; elle fuit tes liens,
Et ses yeux innocents n'entendent pas les tiens.
Ta génisse naissante au sein du pâturage
Ne cherche au bord des eaux que le saule et l'ombrage;
Sans répondre à la voix des époux mugissants,
Elle se mêle aux jeux de ses frères naissants.
Le fruit encore vert, la vigne encore acide
Tentent de ton palais l'inquiétude avide.
Va, l'automne, bientôt succédant à des fleurs,
Saura mûrir pour toi leurs mielleuses liqueurs.
Tu la verras bientôt, lascive et caressante,
Tourner vers les baisers sa tête languissante.
Attends. Le jeune épi n'est point couronné d'or;
Le sang du doux mûrier ne jaillit point encor;

La fleur n'a point percé sa tunique sauvage ;
Le jeune oiseau n'a point encore de plumage.
Qui prévient le moment l'empêche d'arriver.

ARCAS.

Qui le laisse échapper ne peut le retrouver.
Les fleurs ne sont plus tout, le verger vient d'éclore
Et l'automne a tenu la promesse de Flore.
Le fruit est mûr, et garde en sa douce âpreté
D'un fruit à peine mûr l'aimable crudité.
L'oiseau d'un doux plumage enveloppe son aile.
Du milieu des bourgeons le feuillage étincelle.
La rose et Damalis de leur jeune prison
Ont ensemble percé la jalouse cloison.
Éffrayée et confuse, et versant quelques larmes,
Sa mère en souriant a calmé ses alarmes.
L'hyménée a souri quand il a vu son sein
Pouvoir bientôt remplir une amoureuse main.
Sur le coing parfumé le doux printemps colore
Une molle toison intacte et vierge encore.
La grenade entr'ouverte au fond de ses réseaux
Nous laisse voir l'éclat de ses rubis nouveaux.
La châtaigne longtemps cachée et dangereuse
Veut se montrer et fend son écorce épineuse.

VI

Lydé

« Laisse, ô blanche Lydé, toi par qui je soupire,
Sur ton pâle berger tomber un doux sourire,
Et, de ton grand œil noir daignant chercher ses pas,
Dis-lui : Pâle berger, viens, je ne te hais pas.

« — Pâle berger aux yeux mourants, à la voix tendre,
Cesse, à mes doux baisers, cesse enfin de prétendre.
Non, berger, je ne puis ; je n'en ai point pour toi.
Ils sont tous à Mœris, ils ne sont plus à moi.

. . . .
. . . .

Mon visage est flétri des regards du soleil.
Mon pied blanc sous la ronce est devenu vermeil.
J'ai suivi tout le jour le fond de la vallée ;
Des bêlements lointains partout m'ont appelée.
J'ai couru : tu fuyais sans doute loin de moi :
C'étaient d'autres pasteurs. Où te chercher, ô toi
Le plus beau des humains ? Dis-moi, fais-moi connaître
Où sont donc tes troupeaux, où tu les mènes paître,

Pour que je cesse enfin de courir sur les pas
Des troupeaux étrangers que tu ne conduis pas. »

Une femme, une poétesse, chante ainsi :

O jeune adolescent! tu rougis devant moi.
Vois mes traits sans couleur; ils pâlissent pour toi;
C'est ton front virginal, ta grâce, ta décence;
Viens. Il est d'autres jeux que les jeux de l'enfance.
O jeune adolescent, viens savoir que mon cœur
N'a pu de ton visage oublier la douceur.
Bel enfant, sur ton front la volupté réside.
Ton regard est celui d'une vierge timide.
Ton sein blanc, que ta robe ose cacher au jour,
Semble encore ignorer qu'on soupire d'amour.
Viens le savoir de moi. Viens, je veux te l'apprendre;
Viens remettre en mes mains ton âme vierge et tendre
Afin que mes leçons, moins timides que toi,
Te fassent soupirer et languir comme moi;
Et qu'enfin rassuré, cette joue enfantine
Doive à mes seuls baisers cette rougeur divine.
Oh! je voudrais qu'ici tu vinsses un matin
Reposer mollement ta tête sur mon sein!
Je te verrais dormir, retenant mon haleine,
De peur de t'éveiller, ne respirant qu'à peine.
Mon écharpe de lin, que je ferais flotter,
Loin de ton beau visage aurait soin d'écarter
Les insectes volants dont les ailes bruyantes
Aiment à se poser sur les lèvres dormantes...

. . . .
. . . .
La nymphe l'aperçoit, et l'arrête, et soupire.
Vers un banc de gazon, tremblante, elle l'attire ;
Elle s'assied. Il vient, timide, avec candeur,
Ému d'un peu d'orgueil, de joie et de pudeur.
Les deux mains de la nymphe errent à l'aventure.
L'une, sur son front blanc, va de sa chevelure
Former les blonds anneaux. L'autre de son menton
Caresse lentement le mol et doux coton.
« Approche, bel enfant, approche, lui dit-elle,
Toi si jeune et si beau, près de moi jeune et belle.
Viens, ô mon bel ami, viens, assieds-toi sur moi.
Dis, quel âge, mon fils, s'est écoulé pour toi ?
Aux combats du gymnase as-tu quelque victoire ?
Aujourd'hui, m'a-t-on dit, tes compagnons de gloire,
Trop heureux, te pressaient entre leurs bras glissants,
Et l'olive a coulé sur tes membres luisants.
Tu baisses tes yeux noirs ? Bienheureuse la mère
Qui t'a formé si beau, qui t'a nourri pour plaire !
Sans doute elle est déesse. Eh quoi ! ton jeune sein
Tremble et s'élève ? Enfant, tiens, porte ici ta main.
Le mien plus arrondi s'élève davantage.
Ce n'est pas (le sais-tu ? déjà dans le bocage
Quelque voile de nymphe est-il tombé pour toi ?)
Ce n'est pas cela seul qui diffère chez moi.
Tu souris ? tu rougis ? Que ta joue est brillante ?
Que ta bouche est vermeille et ta peau transparente ?
N'es-tu pas Hyacinthe au blond Phébus si cher ?

Ou ce jeune Troyen ami de Jupiter?
Ou celui qui, naissant pour plus d'une immortelle,
Entr'ouvrit de Myrrha l'écorce maternelle?
Ami, qui que tu sois, oh! tes yeux sont charmants.
Bel enfant, aime-moi. Mon cœur de mille amants
Rejeta mille fois la poursuite enflammée;
Mais toi seul aime-moi, j'ai besoin d'être aimée.
Mon amour, aime-moi. Sur l'herbe, chaque soir,
Au coucher du soleil nous viendrons nous asseoir. »
Viens : là sur des joncs frais ta place est toute prête.
Viens, viens, sur mes genoux viens reposer ta tête.
Les yeux levés sur moi, tu resteras muet,
Et je te chanterai la chanson qui te plaît.
Comme on voit, au moment où Phœbus va renaître
La nuit prête à s'enfuir, le jour prêt à paraître,
Je verrai tes beaux yeux, les yeux de mon ami,
En un demi-sommeil se fermer à demi.
Tu me diras : « Adieu, je dors, adieu, ma belle.
— Adieu, dirai-je, adieu, dors, mon ami fidèle,
Car le... aussi dort le front vers les cieux, »
Et j'irai te baiser et le front et les yeux.
Ne me regarde point, cache, cache tes yeux;
Mon sang en est brûlé; tes regards sont des feux.
Viens, viens. Quoique vivant et dans ta fleur première,
Je veux avec mes mains te fermer la paupière,
Ou, malgré tes efforts, je prendrai tes cheveux
Pour en faire un bandeau qui te cache les yeux.

VII

... vous savez ou bien venez apprendre
. . . .
Quels doux larcins, d'Hercule insidieux rivaux,
Du jeune et bel Hylas firent un dieu des eaux.
Le navire, éloquent fils des bois du Pénée,
Qui portait à Colchos la Grèce fortunée,
Craignant près de l'Euxin les menaces du Nord,
S'arrête, et se confie au doux calme d'un port.
Aux regards des héros le rivage est tranquille;
Ils descendent. Hylas prend un vase d'argile,
Et va, pour leurs banquets sur l'herbe préparés,
Chercher une onde pure en ces bords ignorés.
Reines, au sein d'un bois, d'une source prochaine,
Trois naïades l'ont vu s'avancer dans la plaine.
Elles ont vu ce front de jeunesse éclatant,
Cette bouche, ces yeux. Et leur onde à l'instant
Plus limpide, plus belle, un plus léger zéphire,
Un murmure plus doux l'avertit et soupire :
Il accourt. Devant lui l'herbe jette des fleurs;
Sa main errante suit l'éclat de leurs couleurs;
Elle oublie, à les voir, l'emploi qui la demande,
Et s'égare à cueillir une belle guirlande.

Mais l'onde encor soupire et sait le rappeler.
Sur l'immobile arène il l'admire couler,
Se courbe, et, s'appuyant à la rive penchante,
Dans le cristal sonnant plonge l'urne pesante.
De leurs roseaux touffus les trois nymphes soudain
Volent, fendent leurs eaux, l'entraînent par la main
En un lit de joncs frais et de mousses nouvelles.
Sur leurs seins, dans leurs bras, assis au milieu d'elles,
Leur bouche, en mots mielleux où l'amour est vanté,
Le rassure et le loue et flatte sa beauté.
Leurs mains vont caressant sur sa joue enfantine
De la jeunesse en fleur la première étamine,
Ou sèchent en riant quelques pleurs gracieux
Dont la frayeur subite avait rempli ses yeux.

« Quand ces trois corps d'albâtre atteignaient le rivage,
D'abord j'ai cru, dit-il, que c'était mon image
Qui, de cent flots brisés prompte à suivre la loi,
Ondoyante, volait et s'élançait vers moi, »
Mais Alcide inquiet, que presse un noir augure,
Va, vient, le cherche, crie auprès de l'onde pure :
« Hylas ! Hylas ! » Il crie et mille et mille fois.
Le jeune enfant de loin croit entendre sa voix,
Et du fond des roseaux, pour le tirer de peine,
Lui répond une voix non entendue et vaine.

VIII

Εἰδ. ἐνάλ. (Idylle maritime).

LES NAVIGATEURS

A. — *Enfin nous avons passé dans la nuit le cap de Malea. Les dieux soient loués... J'ai fait un bien long voyage. Avant que nous nous embarquions tous ensemble à Syracuse, j'avais parcouru la côte de Marseille et Tyrrhénie, etc... Certes le monde est grand. Mais voici notre Grèce chérie... Et vous, compagnons, d'où veniez-vous quand nous nous sommes embarqués ensemble sur ce vaisseau ?*

B. — *Moi, j'ai été ici...*

Γ. — *Moi, là...*

Δ. — *Moi, j'ai été jusqu'à Tartessus, au delà des colonnes d'Alcide, aux embouchures du Betis... là... là... Ah! vous n'avez rien vu, vous tous .. je brûle de me revoir à Lesbos, ma patrie.*

E. — *Pour moi, je n'ai été qu'à... et je brûle de me revoir à Lesbos... O belle mer Égée!... les îles éparses sur tes flots azurés sont comme les étoiles dans la nuit... et toi, Lesbos la plus belle de toutes.*

Z. — *Et les sommets de Naxos bruyants de bacchanales.*

H. — *Et Samos, et Junon ?... etc... et quoi! ma Délos sera-t-elle la dernière ?... où il y a ceci... cela...*

Et cet autel divin, tissu prodigieux
Que fit former Cynthus des rameaux tortueux

Qui s'élevaient au front de ses chevreuils sauvages
Par Diane frappés à travers ses ombrages.

Mais je ne sais quel vent froid nous vient de l'est et semble annoncer une tempête... Voilà un grain qui se forme.

A. — *Oh! non... non...*

K. — *Pour moi, je ne peux point vanter ma patrie. Les dieux ont peu fait pour elle... Mycone n'a que des figues et des raisins... C'est un rocher aride... Mais c'est ma patrie... C'est là que j'ai ouvert les yeux pour la première fois... Là sont mes parents, ma famille... mes premiers amis... Je m'y retrouverai avec joie, je n'en sortirai plus, et je la préférerai à toutes les autres que j'ai vues, quoique plus belles... Mais voyez, la mer devient houleuse... je crains bien un orage*

A, B, Γ, Δ (ensemble). — *Ma patrie est la plus belle, etc.*

Le pilote. — *Paix! quel bruit! on ne s'entend pas. Est-ce le temps de se disputer? Voici une tempête terrible...*

— *Baisse la voile... prends ce câble... Je crois que tous les démons sont à cheval sur cette vague... Quel vent!... Voilà la voile en pièces...*

Les voyageurs pleurent et gémissent. — *Ah! pourquoi ai-je quitté ma famille, etc... Ah! qu'avais-je à faire en tel lieu... Ah! ne pouvais-je me passer des richesses de telle et telle contrée, etc... O Jupiter de tel lieu! Neptune Ténien, Apollon Délien, Junon Samienne (chacun le dieu de son pays).*

Le pilote. — *Paix donc!...*

Les voyageurs. — *Cent moutons... Mille brebis... Cent taureaux...*

O dieux! sauvez-nous!...

Le pilote. — *O quels cris! vous nous rendez sourds et les dieux aussi... Simon tire ce câble... au lieu de crier, travaillez et aidez-nous... Voyez-les un peu qui disputent et crient entre eux; et, dans le danger, ils ne savent que pleurer et se mettre à genoux et nommer tous les dieux par leurs noms et surnoms. Travaillez... cela vaudra mieux. Matelot, tiens ferme, etc... Oh! cette vague me cassera le gouvernail... Dieux! nous sommes engloutis... Non.*

ce n'est rien... Eh bien, que fais-tu là ? toi, Siphniote imbécile..,
que ne vas-tu aider ?...

— Je suis un homme libre.

— Homme libre, travaille, de peur que dans peu... ta liberté
ne soit esclave de Pluton... Ah ! c'est fini...

Voilà tout le peuple accouru sur la côte... ils sont bonnes gens.
Ils venaient nous voir noyer, et ils nous auraient fait de beaux
cénotaphes de marbre du Ténare, avec des épitaphes où ils
auraient cité notre exemple à ceux qui s'embarquent. Ils sont, par
Jupiter, humains et secourables. Il vaut mieux toutefois leur
épargner ces soins.

— Allons, nous allons relâcher sur la côte... Eh bien ! vous
qui faisiez des vœux ?... Vos cent brebis, cent bœufs, cent moutons ?
Voyons, donnez-nous-en un ou deux à compte sur le rivage, ça
nous refera un peu.

A. — Moi, je n'ai rien promis... je ne suis pas riche.

Le pilote. — Comment, tu n'es pas riche ? et ces belles étoffes,
et ces belles marchandises que tu as apportées de Tartessus, de
Bétis, etc. (Il lui répète ses mêmes paroles.)

Le mycon.— Moi, je suis pauvre comme ma patrie, mais pas
assez pour ne pas pouvoir tous nous régaler d'un mouton, etc...

B. — Moi, j'ai promis, mais je tiendrai mon vœu quand
je serai sur le rivage même de mon île.

Γ. — Mais, patron, tu as interrompu nos vœux... les dieux
n'ont pas pu les entendre :

Ta forte voix tonnant plus haut que la tempête.

*Ils nous exauçaient d'avance; nous ne sommes tenus à rien.
Pour une autre fois nous gardons nos offrandes.*
Le pilote :

Oui, le danger fini, les dieux sont oubliés.
Mais tout se paye enfin ; patience ; riez.
Quelque jour, agités de nouvelles tempêtes,
Les dieux se souviendront quels débiteurs vous êtes.

Vous leur promettrez tout; mais ils feront les sourds.
Un habile pilote, on ne l'a pas toujours!
Et vous irez là-bas dire aux noires peuplades
Si les îles du Styx égalent les Cyclades.

ÉGLOGUES

ÉGLOGUES

I

Loin des bords trop fleuris de Gnide et de Paphos,
Effrayé d'un bonheur ennemi du repos,
J'allais, nouveau pasteur, aux champs de Syracuse,
Invoquer dans mes vers la nymphe d'Aréthuse,
Lorsque Vénus, du haut des célestes lambris,
Sans armes, sans carquois, vint m'amener son fils.
Tous deux ils souriaient : « Tiens, berger, me dit-elle,
Je te laisse mon fils, sois son guide fidèle ;
Des champêtres douceurs instruis ses jeunes ans ;
Montre-lui la sagesse, elle habite les champs. »
Elle fuit. Moi, crédule, à cette voix perfide,
J'appelle près de moi l'enfant doux et timide.
Je lui dis nos plaisirs et la paix des hameaux ;

Un dieu même au Pénée abreuvant des troupeaux ;
Bacchus et les moissons ; quel dieu, sur le Ménale,
Forma de neuf roseaux une flûte inégale.
Mais lui, sans écouter mes rustiques leçons,
M'apprenait à son tour d'amoureuses chansons ;
La douceur d'un baiser et l'empire des belles ;
Tout l'Olympe soumis à des beautés mortelles.
Des flammes de Vénus Pluton même animé,
Et le plaisir divin d'aimer et d'être aimé.
Que ces chants étaient doux ! Je m'y laissai surprendre.
Mon âme ne pouvait se lasser de l'entendre.
Tous mes préceptes vains, bannis de mon esprit,
Pour jamais firent place à tout ce qu'il m'apprit.
Il connaît sa victoire, et sa bouche embaumée
Verse un miel amoureux sur ma bouche pâmée.
Il coula dans mon cœur, et, de cet heureux jour,
Et ma bouche et mon cœur n'ont respiré qu'amour !

II

Jeune fille, ton cœur avec nous veut se taire.
Tu fuis, tu ne ris plus ; rien ne saurait te plaire.
La soie à tes travaux offre en vain des couleurs ;
L'aiguille sous tes doigts n'anime plus des fleurs.
Tu n'aimes qu'à rêver, muette, seule, errante,

Et la rose pâlit sur ta bouche mourante.
Ah! mon œil est savant et depuis plus d'un jour,
Et ce n'est pas à moi qu'on peut cacher l'amour.
Les belles font aimer : elles aiment. Les belles
Nous charment tous. Heureux qui peut être aimé d'elles !
Sois tendre, même faible : on doit l'être un moment.
Fidèle, si tu peux. Mais conte-moi comment,
Quel jeune homme aux yeux bleus, empressé, sans audace,
Aux cheveux noirs, au front plein de charme et de grâce...
Tu rougis? On dirait que je t'ai dit son nom.
Je le connais pourtant. Autour de ta maison
C'est lui qui va, qui vient; et, laissant ton ouvrage,
Tu cours, sans te montrer, épier son passage.
Il fuit vite; et ton œil, sur sa trace accouru,
Le suit encor longtemps quand il a disparu.
Nul, en ce bois voisin où trois fêtes brillantes
Font voler au printemps nos nymphes triomphantes,
Nul n'a sa noble aisance et son habile main
A soumettre un coursier aux volontés du frein.

III

Bacchus

Viens, ô divin Bacchus, ô jeune Thyonée,
O Dionyse, Évan, Iacchus et Lénée ;

Viens, tel que tu parus aux déserts de Naxos
Quant tu vins rassurer la fille de Minos.
Le superbe éléphant, en proie à ta victoire,
Avait de ses débris formé ton char d'ivoire.
De pampres, de raisins mollement enchaîné,
Le tigre aux larges flancs de taches sillonné,
Et le lynx étoilé, la panthère sauvage,
Promenaient avec toi ta cour sur ce rivage.
L'or reluisait partout aux axes de tes chars.
Les Ménades couraient en longs cheveux épars
Et chantaient Évoë, Bacchus et Thyonée,
Et Dionyse, Évan, Iacchus et Lénée,
Et tout ce que pour toi la Grèce eut de beaux noms.
Et la voix des rochers répétait leurs chansons.
Et le rauque tambour, les sonores cymbales,
Les hautbois tortueux, et les doubles crotales
Qu'agitaient en dansant sur ton bruyant chemin
Le faune, le satyre et le jeune sylvain,
Au hasard attroupés autour du vieux Silène,
Qui, sa coupe à la main, de la rive indienne,
Toujours ivre, toujours débile, chancelant,
Pas à pas cheminait sur son âne indolent.
. . . .
C'est le Dieu de Nysa, c'est le vainqueur du Gange,
Au visage de vierge, au front ceint de vendange,
Qui dompte et sait courber, sous son char gémissant,
Du lynx aux cent couleurs le front obéissant.
. . . .
Bacchus, Hymen, ces dieux toujours adolescents.

. . . .
Apollon et Bacchus, un crin noir et sauvage
N'a hérissé jamais votre jeune visage.
Apollon et Bacchus, vous seuls entre les dieux,
D'un éternel printemps vous êtes radieux.
Sous le tranchant du fer vos chevelures blondes
N'ont jamais vu tomber leurs tresses vagabondes.

IV

Ah! ce n'est point à moi qu'on s'occupe de plaire.
Ma sœur plus tôt que moi dût le jour à ma mère.
Si quelques beaux bergers apportent une fleur,
Je vois qu'en me l'offrant ils regardent ma sœur.
S'ils vantent les attraits dont brille mon visage,
Ils disent à ma sœur : « C'est ta vivante image. »
Ah! pourquoi n'ai-je encor vu que douze moissons?
Nul amant ne me flatte en ses douces chansons;
Nul ne dit qu'il mourra si je suis infidèle.
Mais j'attends. L'âge vient. Je sais que je suis belle.
Je sais qu'on ne voit point d'attraits plus désirés
Qu'un visage arrondi, de longs cheveux dorés,
Dans une bouche étroite un double rang d'ivoire,
Et sur de beaux yeux bleus une paupière noire.

V

Toujours ce souvenir m'attendrit et me touche,
Quand lui-même, appliquant la flûte sur ma bouche,
Riant et m'asseyant sur lui, près de son cœur,
M'appelant son rival et déjà son vainqueur,
Il façonnait ma lèvre inhabile et peu sûre
A souffler une haleine harmonieuse et pure ;
Et ses savantes mains prenaient mes jeunes doigts,
Les levaient, les baissaient, recommençaient vingt fois,
Leur enseignant ainsi, quoique faibles encore,
A fermer tour à tour les trous du buis sonore.

VI

Fille du vieux pasteur, qui d'une main agile
Le soir emplis de lait trente vases d'argile,
Crains la génisse pourpre, au farouche regard,
Qui marche toujours seule et qui paît à l'écart.
Libre, elle lutte et fuit, intraitable et rebelle ;
Tu ne presseras point sa féconde mamelle,

A moins qu'avec adresse un de ses pieds lié
Sous un cuir souple et lent ne demeure plié.

Vu et fait à Catillon, près Forges, le 4 août 1792 et écrit à Gournay le lendemain.

VII

TIRÉ DE THOMSON

Ah! prends un cœur humain, laboureur trop avide,
Lorsque d'un pas tremblant l'indigence timide
De tes larges moissons, vient, le regard confus,
Recueillir après toi les restes superflus.
Souviens-toi que Cybèle est la mère commune.
Laisse la probité que trahit la fortune,
Comme l'oiseau du ciel, se nourrir à tes pieds
De quelques grains épars sur la terre oubliés.

VIII

. . . .

Accours, jeune Chromis, je t'aime, et je suis belle,
Blanche comme Diane et légère comme elle !

Comme elle grande et fière ; et les bergers, le soir,
Quand, le regard baissé, je passe sans les voir,
Doutent si je ne suis qu'une simple mortelle,
Et, me suivant des yeux, disent : « Comme elle est belle ! »

IX

. . . . joue et folâtre et tire
Les longs crins hérissés sur les pieds du satyre.
Le satyre joyeux, au regard enflammé,
Crie, en des bonds légers les lance, les entraîne,
Et de son pied fendu fait retentir l'arène.
. . . .
. . . .
De nuit, la nymphe errante à travers le bois sombre
Aperçoit le satyre ; et, le fuyant dans l'ombre,
De loin, d'un cri perfide elle va l'appelant.
Le pied de chèvre accourt, sur sa trace volant,
Et dans une eau stagnante, à ses pas opposée,
Tombe, et sa plainte amère excite leur risée.
. . . .
. . . .
L'impur et fier époux que la chèvre désire
Baisse le front, se dresse et cherche le satyre.

Le satyre, averti de cette inimitié,
Affermit sur le sol la corne de son pié;
Et leurs obliques fronts, lancés tous deux ensemble,
Se choquent; l'air frémit, le bois s'agite et tremble.

X

Toi! de Mopsus ami! Non loin de Bérécynthe,
Certain satyre, un jour, trouva la flûte sainte
Dont Hyagnis calmait ou rendait furieux
Le cortège énervé de la mère des dieux.
Il appelle aussitôt du Sangar au Méandre
Les nymphes de l'Asie, et leur dit de l'entendre,
Que tout l'art d'Hyagnis n'était que dans ce bui;
Qu'il a, grâce au destin, des doigts tout comme lui.
On s'assied. Le voilà qui se travaille et sue,
Souffle, agite ses doigts, tord sa lèvre touffue,
Enfle sa joue épaisse, et fait tant qu'à la fin
Le buis résonne et pousse un cri rauque et chagrin.
L'auditoire étonné se lève, non sans rire.
Les éloges railleurs fondent sur le satyre
Qui pleure, et des chiens même, en fuyant vers le bois,
Évite comme il peut les dents et les abois...
Ne te souvient-il plus que les bois de Célène
Virent punir jadis une audace aussi vaine?

Si Marsyas aussi n'eût bravé ses vainqueurs,
Ni son père Hyagnis, ni les nymphes ses sœurs,
Olympe son ami, les satyres ses frères,
N'auraient pleuré des dieux les victoires sévères,
Et ne l'auraient point vu, ceint d'humides roseaux,
Errer dans la Phrygie en transparentes eaux.

. . . .

Soit que son souffle anime un simple chalumeau,
Ou qu'il fasse courir sa lèvre harmonieuse
Sur neuf roseaux que joint la cire industrieuse,
Soit quand la flûte droite où voltigent ses doigts
Vient puiser dans sa bouche une facile voix,
Ou quand il fait parler, sur ses lèvres pressée,
La flûte oblique, chère aux grottes du Lycée.

. . . .
. . . .

Non ; même sans chercher d'amoureuses promesses,
Sans vouloir de Vénus connaître les caresses,
D'être belle toujours vous prenez quelques soins ;
Vous voulez plaire même à qui vous plaît le moins.
O chaste déité qu'adore le Pirée,
Tu jettes l'instrument, fils de ta main sacrée,
Tu brises cette flûte où, pour charmer les dieux,
Respire en sons légers ton souffle harmonieux ;
Tu rougis de la voir dans une onde fidèle
Altérer la beauté de ta joue immortelle.

Syrinx parle et respire aux lèvres du pasteur...

Syrinx, que tes roseaux, à mordre insidieux
Gardent bien d'outrager ses doigts industrieux.

XI

A compter nos brebis je remplace ma mère;
Dans nos riches enclos j'accompagne mon père,
J'y travaille avec lui. C'est moi de qui la main,
Au retour de l'été, fait résonner l'airain
Pour arrêter bientôt d'une ruche troublée,
Avec ses jeunes rois, la jeunesse envolée.
Une ruche nouvelle à ces peuples nouveaux
Est ouverte; et l'essaim, conduit dans les rameaux
Qu'un olivier voisin présente à son passage,
Pend en grappe bruyante à son amer feuillage...

XII

Deux belles s'étaient baisées... Le poète berger, témoin jaloux de leurs caresses, chante ainsi :

. . . .
. . . .

Que les deux beaux oiseaux, les colombes fidèles,
Se baisent : pour s'aimer les dieux les firent belles.
Sous leur tête mobile, un cou blanc, délicat,
Se plie, et de la neige effacerait l'éclat.
Leur voix est pure et tendre, et leur âme innocente,
Leurs yeux doux et sereins, leur bouche caressante.
L'une a dit à sa sœur : « Ma sœur, ...

En un tel lieu croissent l'orge et le millet.

. . . .

L'autour et l'oiseleur, ennemis de nos jours,
De ce réduit, peut-être, ignorent les détours.

L'autre a dit à sa sœur : Ma sœur, une fontaine coule dans ce bosquet... L'oie ni le canard n'en ont jamais souillé les eaux, ni leurs cris... Viens... nous y trouverons une boisson pure, et nous y baignerons notre tête et nos ailes... et mon bec ira polir ton plumage. Elles vont... Elle se promènent en roucoulant au bord de l'eau... Elles boivent, se baignent, mangent ; puis, sur un rameau, leurs becs s'entrelacent ; elles se polissent leur plumage l'une à l'autre.

Le voyageur, passant en ces fraîches campagnes,
Dit : « Oh! les beaux oiseaux! oh! les belles compagnes! »
Il s'arrêta longtemps à contempler leurs jeux;
Puis, reprenant sa route et les suivant des yeux,
Dit « Baisez, baisez-vous, colombes innocentes!
Vos cœurs sont doux et purs, et vos voix caressantes;
Sous votre aimable tête, un cou blanc, délicat,
Se plie, et de la neige effacerait l'éclat. »

XIII

Comme aux jours de l'été, quand d'un ciel calme et pur
Sur la vague aplanie étincelle l'azur,
Le dauphin sur les flots sort et bondit et nage,
S'empressant d'accourir vers l'aimable rivage
Où, sous des doigts légers, une flûte aux doux sons
Vient égayer les mers de ses vives chansons...
Deux flûtes sur sa bouche, aux antres, aux naïades,
Aux faunes, aux sylvains, aux belles oréades,
Répètent ses amours. . . . .
O toi, sœur d'Apollon, ô déesse, ô Dictyne
Qui, pressant tes cheveux sur ta tête divine,
T'avances dans les flots, et poursuis de tes rets
De la mer des Crétois les habitants muets.

XIV

Il va chanter; courons, car les dieux l'ont aimé.
De lait, d'ambre, de miel son génie est formé,
Et ses vers, par la main des sœurs de Melpomène,
Sont trempés dans les fleurs et dans l'onde hippocrène,

Un berger poète dira :

Mes chants savent tout peindre; accours, viens les entendre.
Ma voix plaît, Astérie, elle est flexible et tendre.
Philomèle, les bois, les eaux, les pampres verts,
Les muses, le printemps, habitent dans mes vers.
Le baiser dans mes vers étincelle et respire.
La source aux pieds d'argent qui m'arrête et m'inspire
Y roule en murmurant son flot léger et pur.
Souvent avec les cieux il se pare d'azur.
Le souffle insinuant, qui frémit sous l'ombrage,
Voltige dans mes vers comme dans le feuillage.
Mes vers sont parfumés et de myrte et de fleurs,
Soit les fleurs dont l'été ranime les couleurs,
Soit celles que seize ans, été plus doux encore,
Sur une belle joue ont l'art de faire éclore.

XV

Les esclaves d'amour ont tant versé de pleurs !
S'il a quelques plaisirs, il a tant de douleurs !
Qu'il garde ses plaisirs. Dans un vallon tranquille,
Les muses contre lui nous offrent un asile ;
Les muses, seul objet de mes jeunes désirs,
Mes uniques amours, mes uniques plaisirs.
L'amour n'ose troubler la paix de ce rivage.
Leurs modestes regards ont, loin de leur bocage,
Fait fuir ce dieu cruel, leur légitime effroi.
Chastes muses, veillez, veillez toujours sur moi.
. . . .

XVI

Blanche et douce colombe, aimable prisonnière,
Quel injuste ennemi te cache à la lumière ?
Je t'ai vue aujourd'hui que le ciel était beau !
Te promener longtemps sur le bord du ruisseau,
Au hasard, en tous lieux, languissante, muette,

Tournant tes doux regards et tes pas et ta tête.
Caché dans le feuillage, et n'osant l'agiter,
D'un rameau sur un autre à peine osant sauter,
J'avais peur que le vent décelât mon asile.
Tout seul je gémissais, sur moi-même immobile,
De ne pouvoir aller, le ciel était si beau !
Promener avec toi sur le bord du ruisseau.

Car, si j'avais osé, sortant de ma retraite,
Près de ta tête amie aller porter ma tête,
Avec toi murmurer et fouler sous mes pas
Le même pré foulé sous tes pieds délicats,
Mes ailes et ma voix auraient frémi de joie,
Et les noirs ennemis, les deux oiseaux de proie,
Ces gardiens envieux qui te suivent toujours,
Auraient connu soudain que tu fais mes amours.
Tous les deux à l'instant, timide prisonnière,
T'auraient, dans ta prison, ravie à la lumière,
Et tu ne viendrais plus, quand le ciel sera beau,
Te promener encor sur le bord du ruisseau.

Blanche et douce brebis à la voix innocente,
Si j'avais, pour toucher ta laine obéissante,
Osé sortir du bois et bondir avec toi,
Te bêler mes amours et t'appeler à moi,
Les deux loups soupçonneux qui marchaient à ta suite
M'auraient vu. Par leurs cris ils t'auraient mise en fuite,
Et pour te dévorer eussent fondu sur toi
Plutôt que te laisser un moment avec moi.

. . . .
. . . .
Oui, jusques dans sa robe et le contour de lin
Que presse la ceinture au-dessus de son sein,
Sans avoir son aveu, ta bouche pétulante
A cherché la fraîcheur de sa gorge naissante.
Sur les deux ramiers blancs, le vautour indompté,
Sur les deux ramiers blancs il s'est précipité.
Les deux oiseaux jumeaux qu'un même nid rassemble,
Qui se cachent tous deux, qui s'élèvent ensemble,
Dont le bec est de rose, et que l'œil plein d'ardeur
Poursuit, touche de loin, et qui troublent le cœur.
. . . .

Sa robe, au gré du vent derrière elle flottante,
En replis ondoyants mollement frémissante,
S'insinue, et la presse et laisse voir aux yeux
De ses genoux charmants les contours gracieux.

XVII

Salut, aube au teint frais, jeune sœur de Zéphire,
Descends, muse, chantons, apporte-moi ma lyre.
L'oiseau, sur son rameau, mélodieux réveil!
De l'abri de son aile, asile du sommeil,

A retiré sa tête, et de sa voix légère
Va chanter tout le jour. Qu'aurait-il mieux à faire?

XVIII

O quel que soit ton nom, soit Vesper, soit Phosphore,
Messager de la nuit, messager de l'aurore,
Cruel astre au matin, le soir astre si doux!
Phosphore, le matin, loin de nos bras jaloux,
Tu fais fuir nos amours tremblantes, incertaines,
Mais le soir, en secret, Vesper, tu les ramènes.
La vierge qu'à l'hymen la nuit doit présenter
Redoute que Vesper se hâte d'arriver.
Puis, aux bras d'un époux, elle accuse Phosphore
De rallumer trop tôt les flambeaux de l'aurore.
— Brillante étoile, adieu, le jour s'avance, cours,
Ramène-moi bientôt la nuit et mes amours.

XIX

Je sais, quand le midi leur fait désirer l'ombre,
Entrer à pas muets sous le roc frais et sombre,

D'où, parmi le cresson et l'humide gravier,
La Naïade se fraye un oblique sentier.
Là j'épie à loisir la nymphe blanche et nue,
Sur un banc de gazon mollement étendue,
Qui dort, et sur sa main, au murmure des eaux,
Laisse tomber son front couronné de roseaux,
. . . .
Et le dormir suave au bord d'une fontaine.
Le soir . . . .

XX

Ma muse échevelée, amante des Naïades,
Suit leurs pas sous l'abri des obscures Dryades;
Et, sa flûte à la main, va de ses doux concerts,
De vallons en vallons, réjouissant les airs.
Tout à coup les vallons, les airs, la grotte sombre,
De joie, à ses concerts poussent des cris sans nombre,
Car de ses doux accents, de ses vives chansons,
Faunes, nymphes, pasteurs, ont reconnu les sons.
Soudain, de toutes parts, volent à son passage
Les nymphes au front blanc couronné de feuillage,
Le Satyre au pied double, et Faunes et Sylvains,
Et vierges et pasteurs, et tous frappant leurs mains :
« La voilà, » disent-ils; en tumulte ils accourent;
Ils s'appellent l'un l'autre; ils la fêtent, l'entourent;

Se plaignent qu'elle ait pu si longtemps les quitter.
Elle rit; on la suit pour l'entendre chanter.

XXI

Près des bords où Venise est reine de la mer,
Le gondolier nocturne, au retour de Vesper,
D'un aviron léger bat la vague aplanie,
Chantant Renaud, Tancrède et la belle Erminie.
Il aime les chansons, il chante. Sans désir,
Sans gloire, sans projets, sans craindre l'avenir,
Il chante, et, cheminant sur le liquide abîme,
Sait égayer ainsi sa route maritime.
. . . Comme lui je me plais à chanter.
Les rustiques chansons que j'aime à répéter
Adoucissent pour moi la route de la vie,
Route amère et souvent de naufrages suivie.
Viens donc, tu vas ouïr, ami, ce qu'Alexis
Écoute et puis répond à son tour à Daphnis.
Alexis et Daphnis, de campagnes voisines,
Se trouvèrent ensemble au penchant des collines,
Tous deux jeunes, tous deux ornés de blonds cheveux,
Tous deux nés aux chansons, à la flûte tous deux.

XXII

Vous, du blond Anio Naïade au pied fluide,
Vous, filles du zéphire, et de la nuit humide,
Fleurs. . . . .
Le frais zéphire, époux de la fraîche rosée,
Sur le bord des ruisseaux fait éclore ses fleurs,
Famille aux doux parfums, peuple aux mille couleurs.
Le lys est le plus beau des enfants du zéphire,
Il lève un front superbe et demande l'empire.
Des suaves esprits dans sa coupe formés,
L'air, les eaux, le bocage, au loin sont embaumés.
Sous l'herbe, loin des yeux, plus aimable et moins belle,
La violette fuit. Son parfum la révèle,
Avertit qu'elle est là; que, voulant se cacher,
Là, pour le sein qu'on aime, il faut l'aller chercher.

XXIII

Allons chanter, assis dans les saintes forêts,
Sous ce chêne orgueilleux, favori de Cérès,

Qui loin autour de lui porte un immense ombrage.
Tu vois, de tous côtés pendent à son feuillage
Couronnes et bandeaux et bouquets entassés,
Doux monuments des vœux par Cérès exaucés.
A son ombre souvent les nymphes bocagères
Viennent former les pas de leurs danses légères ;
Pour mesurer ses flancs et leur vaste contour,
Leurs mains s'entrelaçant serpentent à l'entour :
Et, les bras étendus, vingt Dryades à peine
Pressent ce tronc noueux et dont Cérès est vaine.

XXIV

Et vos blanches toisons par le fer moissonnées,
En tissus précieux mollement façonnées,
Pour presser, quand l'hiver soufflera les frimas,
De nos fières beautés les membres délicats,
Iront, passant au loin l'onde phénicienne,
Emprunter au murex sa pourpre tyrienne.

XXV

Le Bouvier

Reste ici, Pardalis; . . . . vagabonde,
Qu'il ne me faille encor, dans la forêt profonde,
Suivre pour te chercher . . la cloche d'argent
Dont j'ai su te parer. . . . .
Reste, ma Pardalis. Viens, ma belle génisse.
Ici croît. . . . . le narcisse.
Reste; si tu me fuis, tu n'auras plus ma main
Pour y venir trouver ou du sel ou du pain.
Tu ne bondiras plus aux chants de ma musette.
Un ivoire élégant se courbe sur ta tête.
Ton regard est serein, tu mugis doucement,
Ton lait est le plus doux qu'un sein pur et fertile
Ait jamais fait couler dans mon vase d'argile.
La fille d'Inachus, quand le maître des dieux
La fit mugir aussi près du pâtre aux cent yeux,
Était moins que toi belle et de grâces ornée;
Et pourtant, près du Nil, de lotos couronnée,
Elle voit aujourd'hui, dans son temple divin,
Ses prêtres revêtir des tuniques de lin.

XXVI

. . . .
Ma muse fuit les champs abreuvés de carnage,
Et ses pieds innocents ne se poseront pas
Où la cendre des morts gémirait sous ses pas.
Elle pâlit d'entendre et le cri des batailles,
Et les assauts tonnants qui frappent les murailles;
Et le sang qui jaillit sous les pointes d'airain
Souillerait la blancheur de sa robe de lin.

XXVII

Allons, muse rustique, enfant de la nature,
Détache ces cheveux, ceins ton front de verdure,
Va de mon cher de Pange égayer les loisirs.
Rassemble autour de toi tes champêtres plaisirs;
Ton cortège dansant de légères Dryades,
De nymphes au sein blanc, de folâtres Ménades.
Entrez dans son asile aux muses consacré,

Où de sphères, d'écrits, de beaux-arts entouré,
Sur les doctes feuillets sa jeunesse prudente
Pâlit au sein des nuits près d'une lampe ardente.
Hélas! de tous les dieux il n'eut point les faveurs.
Souvent son corps débile est en proie aux douleurs.
Muse, implore pour lui la santé secourable,
Cette reine des dieux sans qui rien n'est aimable,
Qui partout fait briller le sourire, les jeux,
Les grâces, le printemps. Qu'indulgente à tes vœux,
Le dictame à la main, près de lui descendue,
Elle vienne avec toi présenter à sa vue
Cette jeunesse en fleur, et ce teint pur et frais,
Et le baume et la vie épars dans tous ses traits.
Dis-lui : « Belle santé, déesse des déesses,
Toi sans qui rien ne plaît, ni grandeurs, ni richesses,
Ni chansons, ni festins, ni caresses d'amours,
Viens, d'un mortel aimé viens embellir les jours.
Touche-le de ta main qui répand l'ambroisie.
Ainsi tu nous verras, troupe agreste et choisie,
Les hymnes à la bouche, entourer tes autels,
Santé, reine des dieux, nourrice des mortels. »

XXVIII

A une Anglaise

Si ton âme a goûté la voix pure et facile
Dont Pope répétait les accents de Virgile ;
Si quelques doux tableaux et quelques sons touchants
De l'antique Spencer te font aimer les chants,
Viens voir aussi comment, aux bords de notre Seine,
La muse de Sicile et chante et se promène ;
Les tableaux qu'elle invente, et les accents nouveaux,
Que répètent nos bois, nos nymphes, nos coteaux.

XXIX

Docte et jeune Cosway, des neuf sœurs honorée,
Au Pinde, à tous les arts par elles consacrée,
Mes bergers en dansant t'appellent à leurs jeux,
Donne-leur un regard. Tu trouveras chez eux

Ce qu'en toi chaque jour tu trouves dès l'enfance,
Le calme et les plaisirs qui suivent l'innocence.
Accueille mes hameaux. Leurs chansons, leur bonheur,
Sont doux comme tes yeux et purs comme ton cœur.
Mes chants, aimés de Flore et de ses sœurs divines,
N'ont point l'ambre et le fard des muses citadines.
Je ne viens point t'offrir, dans mes vers ingénus,
De ces bergers français à Palès inconnus.
Ma muse grecque et simple et de fleurs embellie,
Visitant son Alphée et ta noble Italie,
A retenu les airs qu'en ces lieux séducteurs
Souvent à son oreille ont chanté les pasteurs.
Souvent près d'une grotte, au bord d'une fontaine,
Elle va se cacher dans l'écorce d'un chêne,
Et sans bruit elle écoute, elle apprend à chanter
Ce qu'aux dieux des forêts elle entend répéter.

XXX

Un frais zéphyr d'été, promené sur les eaux,
Émeut moins doucement l'ombrage et les roseaux ;
Sur une mer brillante, un ciel semé d'étoiles
A s'approcher de terre enhardit moins les voiles ;

Vers l'ardente Clytie un regard du soleil
La fait moins se pencher sur son disque vermeil,
Que l'éloquent regard d'une belle attentive
N'émeut et n'encourage une muse craintive.
. . . .
. . . .
Brillante comme vous, comme vous calme et belle,
Les yeux, avec amour, se porteraient sur elle,
. . . .
. . . .
Dirait : « Que cette muse est belle et séduisante !
Que son éclat est doux ! que sa grâce est décente !
Dans sa simplicité que de charmes secrets !
Qu'une fierté modeste ennoblit tous ses traits !
Qu'on la quitte avec peine ! et que sa voix aimable
Vous laisse, au loin, dans l'âme, une trace durable ! »
Tel serait leur langage; et mes vers répétés
Encore après mille ans, seraient lus et vantés.
. . . .
Au moins daignez souffrir que cette main suspende
A votre belle image une rustique offrande;
Accueillez mon esclave . . . .
. . . .
. . . .
Il pleure loin de lui sa famille éplorée.
Vos parents loin de vous, vous, leur bien, leur orgueil,
Feraient couler vos pleurs et vivraient dans le deuil.
Il aime, et de regrets son âme est consumée.
Amour profond, brûlant; comme vous eût aimée

Tout mortel dont l'aspect serait doux à vos yeux,
Dont vos regrets suivraient l'absence et les adieux,
Dont le nom remplirait vos pensers solitaires!
. . . . Ah! si le sort jaloux!...
Mais quels désirs ont droit de monter jusqu'à vous?
Toutefois . . . .
. . . .
Et de l'humble mortel un vœu religieux
S'élance impunément jusqu'au trône des dieux.

―――

XXXI

Épilogue

Ma muse pastorale aux regards des Français
Osait ne point rougir d'habiter les forêts.
Elle eût voulu montrer aux belles de nos villes
La champêtre innocence et les plaisirs tranquilles;
Et ramenant Palès des climats étrangers,
Faire entendre à la Seine enfin de vrais bergers.
Elle a vu, me suivant dans mes courses rustiques,
Tous les lieux illustrés par des chants bucoliques.
Ses pas de l'Arcadie ont visité les bois,
Et ceux du Mincius, que Virgile autrefois

Vit à ses doux accents incliner leur feuillage;
Et d'Hermus aux flots d'or l'harmonieux rivage,
Où Bion, de Vénus répétant les douleurs
Du beau sang d'Adonis a fait naître des fleurs,
Vous, Aréthuse aussi, que de toute fontaine
Théocrite et Moschus firent la souveraine
Et les bords montueux de ce lac enchanté,
Des vallons de Zurich pure divinité,
Qui du sage Gessner à ses nymphes avides
Murmure les chansons sous leurs antres humides,
Elle s'est abreuvée à ces savantes eaux
Et partout sur leurs bords a coupé des roseaux.
Puisse-t-elle en avoir pris sur les mêmes tiges
Que ces chanteurs divins, dont les doctes prestiges
Ont aux fleuves charmés fait oublier leur cours,
Aux troupeaux l'herbe tendre, au pasteur ses amours!
De ces roseaux liés par des nœuds de fougère
Elle osait composer sa flûte bocagère
Et voulait, sous ses doigts exhalant de doux sons,
Chanter Pomone et Pan, les ruisseaux, les moissons,
Les vierges aux doux yeux, et les grottes muettes,
Et de l'âge d'amour les ardeurs inquiètes.

TRADUCTIONS

TRADUCTIONS

I

Tiré d'Oppien

Comme aux bords d'Eurotas. . . . . . .
Lorsqu'une épouse est près du terme de Lucine,
On suspend devant elle, en un riche tableau,
Ce que l'art de Zeuxis anima de plus beau ;
Apollon et Bacchus, Hyacinte Nirée,
Avec les deux Gémeaux leur sœur tant désirée.
L'épouse les contemple ; elle nourrit ses yeux
De ces objets, honneur de la terre et des cieux ;
Et de son flanc, rempli de ces formes nouvelles,
Sort un fruit noble et beau comme ces beaux modèles.

II

Traduction de Sapho

Virginité chérie ! ô compagne innocente !
Où vas-tu ? Je te perds ; ah ! tu fuis loin de moi !
— Oui, je pars loin de toi ; pour jamais je m'absente.
Adieu. C'est pour jamais. Je ne suis plus à toi.

III

Médée

Au sang de ses enfants, de vengeance égarée,
Une mère plongea sa main dénaturée ;
Et l'amour, l'amour seul avait conduit sa main.
Mère, tu fus impie, et l'amour inhumain.
Mère ! amour ! qui des deux eut plus de barbarie ?
L'amour fut inhumain ; mère, tu fus impie.
Plût aux dieux que la Thrace aux rameurs de Jason
Eût fermé son Bosphore, orageuse prison ;

Que, Minerve abjurant leur fatale entreprise,
Pélion n'eût jamais, au bord du bel Amphryse,
Vu le chêne, le pin, ses plus antiques fils,
Former, lancer aux flots, sous la main de Tiphys
Ce navire éloquent, fier conquérant du Phase,
Qui vint ravir au bois du nébuleux Caucase
L'or du bélier divin, présent de Néphélé,
Téméraire nageur qui fit périr Hellé !
. . . .
. . . .
Et Dodone agitant sous la noire tempête
De ses chênes sacrés le feuillage prophète.

IV

Traduction de Bion

Non, non, le dieu d'amour n'est point l'effroi des muses.
Elles cherchent ses pas, elles aiment ses ruses.
Le cœur qui n'aime rien a beau les implorer,
Leur troupe qui s'enfuit ne veut pas l'inspirer.
Qu'un amant les invoque, et sa voix les attire.
C'est ainsi, que toujours elles montent ma lyre.
Si je chante les dieux, ou les héros soudain
Ma langue balbutie et se travaille en vain.

Si je chante l'amour, ma chanson d'elle-même
S'écoule de ma bouche et vole à ce que j'aime.
O crédules amants, écoutez donc au moins
De vos baisers secrets ces mobiles témoins,
Ces flots d'azur errants sous vos belles Dryades,
Byblis, Œnone, Alphée et tant d'autres naïades,
Qui murmurent encor de doux gémissements.
Tous furent autrefois de crédules amants
Qui, se fondant en pleurs, et changés en fontaines,
Par la pitié des dieux serpentent dans vos plaines.

V

Traduction de Bion

Bel astre de Vénus, de son front délicat,
Puisque Diane encor voile le doux éclat,
Jusques à ce tilleul, au pied de la colline,
Prête à mes pas secrets ta lumière divine.
Je ne vais point tenter de nocturnes larcins,
Ni tendre aux voyageurs des pièges assassins.
J'aime; je vais trouver des ardeurs mutuelles,
Une nymphe adorée, et belle entre les belles,
Comme, parmi les feux que Diane conduit,
Brillent tes feux si purs, ornement de la nuit.

VI

Traduction de Platon

Là reposait l'Amour, et sur sa joue en fleur
D'une pomme odorante éclatait la couleur.
Je vis, dès que j'entrai sous cet épais bocage,
Son arc et son carquois suspendus au feuillage.
Sur des monceaux de rose au calice embaumé
Il dormait. Un souris sur sa bouche formé
L'entr'ouvrait mollement, et de jeunes abeilles
Venaient cueillir le miel de ses lèvres vermeilles.

VII

Traduction de Théocrite

La mer en ce moment se tait; les vents se taisent.
Mais l'amour, mais, ô dieux! la honte, la douleur,
Ne se taisent jamais dans le fond de mon cœur!
Je brûle, je l'adore, hélas! quand sa promesse
(Le parjure!) a séduit, a trompé ma faiblesse!

VIII

Traduction d'Evenus de Paros

Fille de Pandion, ô jeune Athénienne
La cigale est ta proie, hirondelle inhumaine,
Et nourrit tes petits qui, débiles encor,
Nus, tremblants, dans les airs n'osent prendre l'essor.
Tu voles ; comme toi la cigale a des ailes.
Tu chantes ; elle chante. A vos chansons fidèles
Le moissonneur s'égaye, et l'automne orageux
En des climats lointains vous chasse toutes deux.
Oses-tu donc porter, dans ta cruelle joie
A ton nid, sans pitié, cette innocente proie ?
Et faut-il voir périr un chanteur sans appui
Sous la morsure, hélas ! d'un chanteur comme lui !

IX.

Traduction de Mnaïs

Bergers, vous dont ici la chèvre vagabonde,
La brebis se traînant sous sa laine féconde,

Au front de la colline accompagnent les pas,
A la jeune Mnaïs, rendez, rendez, hélas!
Par Cybèle et Cérès et sa fille adorée,
Une grâce légère, une grâce sacrée.
Naguère auprès de vous elle avait son berceau,
Et sa vingtième année a trouvé le tombeau.
Que vos agneaux au moins viennent près de ma cendre
Me bêler les accents de leur voix douce et tendre,
Et paître au pied d'un roc où, d'un ton enchanteur,
La flûte parlera sous les doigts du pasteur.
Qu'au retour du printemps, dépouillant la prairie,
Des dons du villageois ma tombe soit fleurie;
Puis, d'une brebis mère et docile à sa main
En un vase d'argile il pressera le sein;
Et sera chaque jour d'un lait pur arrosée
La pierre en ce tombeau sur mes mânes posée.
Morts et vivants, il est encor pour nous unir
Un commerce d'amour et de doux souvenir.

X

Traduction de Moschus

Nouveau cultivateur, armé d'un aiguillon
L'Amour guide le soc et trace le sillon.
Il presse sous le joug les taureaux qu'il enchaîne.
Son bras porte le grain qu'il sème dans la plaine.

Levant le front, il crie au monarque des dieux :
« Roi, mûris mes moissons, de peur que loin des cieux
Au joug d'Europe encor ma vengeance puissante
Ne te fasse courber ta tête mugissante.

XI

Traduction d'Horace

Un jour le rat des champs, ami du rat de ville,
Invita son ami dans son rustique asile.
Il était économe et soigneux de son bien ;
Mais l'hospitalité, leur antique lien
Fit les frais de ce jour comme d'un jour de fête.
Tout fut prêt : lard, raisin, et fromage et noisette.
Il cherchait par le luxe et la variété,
A vaincre les dégoûts d'un hôte rebuté,
Qui, parcourant de l'œil sa table officieuse,
Jetait sur tout à peine une dent dédaigneuse
Et lui, d'orge et de blé faisant tout son repas,
Laissait au citadin les mets plus délicats.
« Ami, dit celui-ci, veux-tu dans la misère
Vivre au dos escarpé de ce mont solitaire,
Ou préférer le monde à tes tristes forêts ?
Viens ; crois-moi, suis mes pas ; la ville est ici près :

Festins, fêtes, plaisirs y sont en abondance.
L'heure s'écoule, ami : tout fuit, la mort s'avance :
Les grands ni les petits n'échappent à ses lois ;
Jouis, et te souviens qu'on ne vit qu'une fois. »
Le villageois écoute, accepte la partie.
On se lève, et d'aller. Tous deux de compagnie,
Nocturnes voyageurs, dans des sentiers obscurs
Se glissent vers la ville et rampent sous les murs.
La nuit quittait les cieux quand notre couple avide
Arrive en un palais opulent et splendide
Et voit fumer encor dans des plats de vermeil
Des restes d'un souper le brillant appareil.
L'un s'écrie, et, riant de sa frayeur naïve,
L'autre sur le duvet fait placer son convive,
S'empresser de servir, ordonner, disposer,
Va, vient, fait les honneurs, le priant d'excuser.
Le campagnard bénit sa nouvelle fortune ;
Sa vie en ses déserts était âpre, importune :
La tristesse, l'ennui, le travail et la faim.
Ici, l'on y peut vivre ; et de rire. Et soudain
Des valets à grand bruit interrompent la fête.
On court, on vole, on fuit ; nul coin, nulle retraite.
Les dogues réveillés les glacent par leur voix ;
Toute la maison tremble au bruit de leurs abois,
Alors le campagnard, honteux de son délire :
« Soyez heureux, dit-il ; adieu, je me retire,
Et je vais dans mon trou rejoindre en sûreté
Le sommeil, un peu d'orge et la tranquillité.

POÈMES

POÈMES

L'INVENTION

O fils du Mincius, je te salue, ô toi
Par qui le dieu des arts fut roi du peuple-roi!
Et vous, à qui jadis, pour créer l'harmonie,
L'Attique et l'onde Egée, et la belle Ionie,
Donnèrent un ciel pur, les plaisirs, la beauté,
Des mœurs simples, des lois, la paix, la liberté,
Un langage sonore aux douceurs souveraines,
Le plus beau qui soit né sur des lèvres humaines !
Nul âge ne verra pâlir vos saints lauriers,
Car vos pas inventeurs ouvrirent les sentiers,

Et du temple des arts que la gloire environne
Vos mains ont élevé la première colonne.
A nous tous aujourd'hui, vos faibles nourrissons,
Votre exemple a dicté d'importantes leçons.
Il nous dit que nos mains, pour vous être fidèles,
Y doivent élever des colonnes nouvelles.
L'esclave imitateur naît et s'évanouit;
La nuit vient, le corps reste, et son ombre s'enfuit.

Ce n'est qu'aux inventeurs que la vie est promise,
Nous voyons les enfants de la fière Tamise
De toute servitude ennemis indomptés;
Mieux qu'eux, par votre exemple, à vous vaincre excités,
Osons; de votre gloire éclatante et durable
Essayons d'épuiser la source inépuisable.
Mais inventer n'est pas, en un brusque abandon
Blesser la vérité, le bon sens, la raison;
Ce n'est pas entasser, sans dessein et sans forme,
Des membres ennemis en un colosse énorme;
Ce n'est pas, élevant des poissons dans les airs,
A l'aide des vautours ouvrir le sein des mers;
Ce n'est pas sur le front d'une nymphe brillante
Hérisser d'un lion la crinière sanglante:
Délires insensés! fantômes monstrueux!
Et d'un cerveau malsain rêves tumultueux!
Ces transports déréglés, vagabonde manie,
Sont l'accès de la fièvre et non pas du génie.
D'Ormus et d'Ariman ce sont les noirs combats,
Où partout confondus, la vie et le trépas,

Les ténèbres, le jour, la forme et la matière,
Luttent sans être unis ; mais l'esprit de lumière
Fait naître en ce chaos la concorde et le jour ;
D'éléments divisés il reconnaît l'amour,
Les rappelle, et partout, en d'heureux intervalles,
Sépare et met en paix les semences rivales.
Ainsi donc, dans les arts, l'inventeur est celui
Qui peint ce que chacun put sentir comme lui ;
Qui, fouillant des objets les plus sombres retraites,
Étale et fait briller leurs richesses secrètes ;
Qui, par des nœuds certains, imprévus et nouveaux,
Unissant des objets qui paraissent rivaux,
Montre et fait adopter à la nature mère
Ce qu'elle n'a point fait, mais ce qu'elle a pu faire ;
C'est le fécond pinceau qui, sûr dans ses regards,
Retrouve un seul visage en vingt belles épars,
Les fait renaître ensemble et, par un art suprême,
Des traits de vingt beautés forme la beauté même.

La nature dicta vingt genres opposés
D'un fil léger entre eux chez les Grecs divisés.
Nul genre, s'échappant de ses bornes prescrites,
N'aurait osé d'un autre envahir les limites,
Et Pindare à sa lyre, en un couplet bouffon,
N'aurait point de Marot associé le ton.
De ces fleuves nombreux dont l'antique Permesse
Arrosa si longtemps les cités de la Grèce,
De nos jours même, hélas ! nos aveugles vaisseaux
Ont encore oublié mille vastes rameaux.

Quand Louis et Colbert, sous les murs de Versailles,
Réparaient des beaux-arts les longues funérailles,
De Sophocle et d'Eschyle ardents admirateurs,
De leur auguste exemple élèves inventeurs,
Des hommes immortels firent sur notre scène
Revivre aux yeux français les théâtres d'Athène.
Comme eux, instruit par eux, Voltaire offre à nos pleurs
Des grands infortunés les illustres douleurs;
D'autres esprits divins, fouillant d'autres ruines,
Sous l'amas des débris, des ronces, des épines,
Ont su, pleins des écrits des Grecs et des Romains,
Retrouver, parcourir leurs antiques chemins.
Mais, ô la belle palme et quel trésor de gloire
Pour celui qui, cherchant la plus noble victoire,
D'un si grand labyrinthe affrontant les hasards,
Saura guider sa muse aux immenses regards,
De mille longs détours à la fois occupée
Dans les sentiers confus d'une vaste épopée;
Lui dire d'être libre, et qu'elle n'aille pas
De Virgile et d'Homère épier tous les pas,
Par leur secours à peine à leurs pieds élevée;
Mais qu'auprès de leurs chars, dans un char enlevée,
Sur leurs sentiers marqués de vestiges si beaux,
Sa roue ose imprimer des vestiges nouveaux!
Quoi! faut-il, ne s'armant que de timides voiles,
N'avoir que ces grands noms pour nord et pour étoiles,
Les côtoyer sans cesse, et n'oser, un instant,
Seul et loin de tout bord, intrépide et flottant,
Aller sonder les flancs du plus lointain Nérée,

Et du premier sillon fendre une onde ignorée?
Les coutumes d'alors, les sciences, les mœurs,
Respirent dans les vers des antiques auteurs;
Leur siècle est en dépôt dans leurs nobles volumes.
Tout a changé pour nous, mœurs, sciences, coutumes,
Pourquoi donc nous faut-il, par un pénible soin,
Sans rien voir près de nous, voyant toujours bien loin,
Vivant dans le passé, laissant ceux qui commencent,
Sans penser, écrivant après d'autres qui pensent,
Retraçant un tableau que nos yeux n'ont point vu,
Dire et dire cent fois ce que nous avons lu?
De la Grèce héroïque et naissante et sauvage
Dans Homère à nos yeux vit la parfaite image.
Démocrite, Platon, Épicure, Thalès,
Ont de loin à Virgile indiqué les secrets
D'une nature encore à leurs yeux trop voilée.
Torricelli, Newton, Kepler et Galilée,
Plus doctes, plus heureux dans leurs puissants efforts,
A tout nouveau Virgile ont ouvert des trésors.
Tous les arts sont unis; les sciences humaines
N'ont pu de leur empire étendre les domaines
Sans agrandir aussi la carrière des vers.
Quel long travail pour eux a conquis l'univers;
Aux regards de Buffon, sans voile, sans obstacles,
La terre ouvrant son sein, ses ressorts, ses miracles,
Ses germes, ses coteaux, dépouilles de Téthys;
Les nuages épais, sur elle appesantis,
De ses noires vapeurs nourrissant leur tonnerre;
Et l'hiver ennemi, pour envahir la terre,

Roi des antres du Nord, et, de glaces armés,
Ses pas usurpateurs sur nos morts imprimés ;
Et l'œil perçant du verre en la vaste étendue
Allant chercher ces feux qui fuyaient notre vue,
Aux changements prédits, immuables, fixés,
Que d'une plume d'or Bailly nous a tracés ;
Aux lois de Cassini les comètes fidèles ;
L'aimant, de nos vaisseaux seul dirigeant les ailes,
Une Cybèle neuve et cent mondes divers
Aux yeux de nos Jasons sortis du sein des mers !
Quel amas de tableaux, de sublimes images,
Naît de ces grands objets réservés à nos âges !
Sous ces bois étrangers qui couronnent ces monts,
Aux vallons de Cusco, dans ces antres profonds,
Si chers à la fortune et plus chers au génie,
Germent des mines d'or, de gloire et d'harmonie.
Pensez-vous, si Virgile ou l'Aveugle divin
Renaissaient aujourd'hui, que leur savante main
Négligeât de saisir ces fécondes richesses,
De notre Pinde auguste éclatantes largesses ?
Nous en verrions briller leurs sublimes écrits ;
Et ces mêmes objets, que vos doctes mépris
Accueillent aujourd'hui d'un front dur et sévère,
Alors à vos regards auraient seuls droit de plaire,
Alors, dans l'avenir, votre inflexible humeur
Aurait soin de défendre à tout jeune rimeur
D'oser sortir jamais de ce cercle d'images
Que vos yeux auraient vu tracé dans leurs ouvrages.
Mais qui jamais a su, dans des vers séduisants,

Sous des dehors plus vrais peindre l'esprit aux sens.
Mais quelle voix jamais d'une plus pure flamme
Et chatouilla l'oreille et pénétra dans l'âme ?
Mais leurs mœurs et leurs lois, et mille autres hasards,
Rendaient leur siècle heureux plus propice aux beaux arts.
Eh bien ! l'âme est partout ; la pensée a des ailes.
Volons, volons chez eux retrouver leurs modèles ;
Voyageons dans leur âge, où, libre, sans détour,
Chaque homme ose être un homme et penser au grand jour.
Au tribunal de Mars, sur la pourpre romaine,
Là du grand Cicéron la vertueuse haine
Écrase Céthégus, Catilina, Verrès,
Là tonne Démosthène ; ici de Périclès
La voix, l'ardente voix, de tous les cœurs maîtresse,
Frappe, foudroie, agite, épouvante la Grèce,
Allons voir la grandeur et l'éclat de leurs jeux.
Ciel ! la mer appelée en un bassin pompeux !
Deux flottes parcourant cette enceinte profonde
Combattant sous les yeux des conquérants du monde !
O terre de Pélops ! avec le monde entier
Allons voir d'Épidaure un agile coursier,
Couronné dans les champs de Némée et d'Élide ;
Allons voir au théâtre, aux accents d'Euripide,
D'une sainte folie un peuple furieux
Chanter : *Amour, tyran des hommes et des dieux !*
Puis, ivres des transports qui nous viennent surprendre,
Parmi nous, dans nos vers, revenons les répandre ;
Changeons en notre miel leurs plus antiques fleurs
Pour peindre notre idée empruntons leurs couleurs ;

Allumons nos flambeaux à leurs feux poétiques ;
Sur des pensers nouveaux faisons des vers antiques.
Direz-vous qu'un objet né sur leur Hélicon
A seul de nous charmer pu recevoir le don ;
Que leurs fables, leurs dieux, ces mensonges futiles
Des Muses noble ouvrage, aux Muses sont utiles ;
Que nos travaux savants, nos calculs studieux
Qui subjuguent l'esprit et répugnent aux yeux,
Que l'on croit malgré soi, sont pénibles, austères
Et moins grands, moins pompeux que leurs belles chimères ?
Voilà ce que traités, préfaces, longs discours,
Prose, rime, partout nous disent tous les jours.
Mais enfin, dites-moi, si d'une œuvre immortelle
La nature est en nous la source et le modèle.
Pouvez-vous le penser que tout cet univers,
Et cet ordre éternel, ces mouvements divers,
L'immense vérité, la nature elle-même,
Soit moins grande en effet que ce brillant système
Qu'ils nommaient la nature, et dont d'heureux efforts
Disposaient avec art les fragiles ressorts ?
Mais quoi ! ces vérités sont au loin reculées,
Dans un langage obscur saintement recélées :
Le peuple les ignore. O Muses, ô Phœbus !
C'est là, c'est là sans doute un Aiguillon de plus.
L'auguste poésie, éclatante interprète,
Le couvrira de gloire en forçant leur retraite.
Cette reine des cœurs, à la touchante voix,
A le droit, en tous lieux, de nous dicter son choix
Sûre de voir partout, introduite par elle,

Applaudir à grands cris une beauté nouvelle,
Et les objets nouveaux que sa voix a tentés
Partout, de bouche en bouche, après elle chantés.
Elle porte, à travers leurs nuages plus sombres
Des rayons lumineux qui dissipent leurs ombres,
Et rit quand, dans son vide, un auteur oppressé
Se plaint qu'on a tout dit et que tout est pensé.
Seule, et la lyre en main, et de fleurs couronnée,
De doux ravissements partout accompagnée,
Aux lieux les plus déserts, ses pas, ses jeunes pas,
Trouvent mille trésors qu'on ne soupçonnait pas.
Sur l'aride buisson que son regard se pose,
Le buisson à ses yeux rit et jette une rose.
Elle sait ne point voir dans son juste dédain,
Les fleurs qui trop souvent courant de main en main,
Ont perdu tout l'éclat de leurs fraîcheurs vermeilles ;
Elle sait même encore, ô charmantes merveilles !
Sous ses doigts délicats réparer et cueillir
Celles qu'une autre main n'avait su que flétrir.
Elle seule connaît ces extases choisies,
D'un esprit tout de feu, mobiles fantaisies,
Ces rêves d'un moment, belles illusions,
D'un monde imaginaire aimables visions,
Qui ne frappent jamais, trop subtile lumière,
Des terrestres esprits l'œil épais et vulgaire.
Seule, de mots heureux, faciles, transparents,
Elle sait revêtir ces fantômes errants :
Ainsi des hauts sapins de la Finlande humide,
De l'ambre, enfant du ciel, distille l'or fluide,

Et sa chute souvent rencontre dans les airs
Quelque insecte volant qu'il porte au fond des mers
De la Baltique enfin les vagues orageuses
Roulent et vont jeter ces larmes précieuses
Où la fière Vistule, en de nobles coteaux,
Et le froid Niémen expirent dans ses eaux.
Là les arts vont cueillir cette merveille utile,
Tombe odorante où vit l'insecte volatile :
Dans cet or diaphane il est lui-même encor,
On dirait qu'il respire et va prendre l'essor.

Qui que tu sois enfin, ô toi, jeune poète,
Travaille, ose achever cette illustre conquête.
De preuves, de raisons, qu'est-il encor besoin ?
Travaille : un grand exemple est un puissant témoin.
Montre ce qu'on peut faire, en le faisant toi-même.
Si pour toi la retraite est un bonheur suprême ;
Si chaque jour les vers de ces maîtres fameux
Font bouillonner ton sang et dressent tes cheveux ;
Si tu sens chaque jour, animé de leur âme,
Ce besoin de créer, ces transports, cette flamme,
Travaille ; à nos concours c'est à toi de montrer
Tous ces trésors nouveaux qu'ils veulent ignorer.
Il faudra bien les voir, il faudra bien se taire
Quand ils verront enfin cette gloire étrangère
De rayons inconnus ceindre ton front brillant.
Aux antres de Paros le bloc étincelant
N'est aux vulgaires yeux qu'une pierre insensible ;
Mais le docte ciseau, dans son sein invisible,

Voit, suit, trouve la vie, et l'âme, et tous ses traits.
Tout l'Olympe respire en ses détours secrets.
Là vivent de Vénus les beautés souveraines;
Là des muscles nerveux, là de sanglantes veines
Serpentent; là des flancs invaincus aux travaux,
Pour soulager Atlas des célestes fardeaux.
Aux volontés du fer leur enveloppe énorme
Cède, s'amollit, tombe; et de ce bloc informe
Jaillisent, éclatants, des dieux pour nos autels :
C'est Apollon lui-même, honneur des immortels;
C'est Alcide vainqueur des monstres de Némée;
C'est du vieillard Troyen la mort envenimée;
C'est des Hébreux errants, le chef, le défenseur :
Dieu tout entier habite en ce marbre penseur.
Ciel! n'entendez-vous pas de sa bouche profonde
Éclater cette voix créatrice du monde.

Oh! qu'ainsi parmi nous des esprits inventeurs
De Virgile et d'Homère atteignent les hauteurs,
Sachent dans la mémoire avoir comme eux un temple,
Et sans suivre leurs pas imiter leur exemple,
Faire en s'éloignant d'eux avec un soin jaloux,
Ce qu'eux-même ils feraient s'ils vivaient parmi nous!
Que la nature seule, en ses vastes miracles,
Soit leur fable et leurs dieux, et ses lois leurs oracles,
Que leurs vers, de Téthys respectant le sommeil,
N'aillent plus dans ses flots, rallumer le soleil;
De la cour d'Apollon que l'erreur soit bannie,
Et qu'enfin Calliope, élève d'Uranie,

Montant sa lyre d'or sur un plus noble ton
En langage des dieux fasse parler Newton.

Oh! si je puis, un jour!... Mais quel est ce murmure?
Quelle nouvelle attaque et plus forte et plus dure?
O langue des Français! est-il vrai que ton sort
Est de ramper toujours et que toi seule as tort?
Ou si d'un faible esprit l'indolente paresse
Veut rejeter sur toi sa honte et sa faiblesse?
Il n'est sot traducteur, de sa richesse enflé
Sot auteur d'un poème ou d'un discours sifflé,
Ou d'un recueil ambré de chansons à la glace,
Qui ne vous avertisse en sa fière préface
Que si son style épais vous fatigue d'abord.
Si sa prose vous pèse et bientôt vous endort,
Si son vers est gêné, sans feu, sans harmonie,
Il n'en est point coupable; il n'est pas sans génie;
Il a tous les talents qui font les grands succès;
Mais enfin, malgré lui, ce langage français,
Si faible en ses couleurs, si froid et si timide,
L'a contraint d'être lourd, gauche, plat, insipide.
Mais serait-ce Le Brun, Racine, Despréaux
Qui l'accusent ainsi d'abuser leurs travaux?
Est-ce à Rousseau, Buffon, qu'il résiste infidèle?
Est-ce pour Montesquieu, qu'impuissant et rebelle
Il fuit? Ne sait-il pas, se reposant sur eux
Doux, rapide, abondant, magnifique, nerveux,
Creusant dans les détours de ces âmes profondes,
S'y teindre, s'y tremper de leurs couleurs fécondes?

Un rimeur voit partout un nuage et jamais
D'un coup d'œil ferme et grand n'a saisi les objets;
La langue se refuse à ses demi-pensées,
De sang-froid, pas à pas, avec peine amassées;
Il se dépite alors, et, restant en chemin,
Il se plaint qu'elle échappe et glisse de sa main.
Celui qu'un vrai démon presse, enflamme, domine,
Ignore un tel supplice; il pense, il imagine.
Un langage imprévu, dans son âme produit,
Naît avec sa pensée et l'embrasse et la suit.
Les images, les mots que le génie inspire,
Où l'univers entier, vit, se meut et respire,
Source vaste et sublime et qu'on ne peut tarir,
En foule à son cerveau se hâtent de courir.
D'eux-même ils vont chercher un nœud qui les rassemble,
Tout s'allie et se forme, et tout va naître ensemble.

Sous l'insecte vengeur envoyé par Junon,
Telle Io tourmentée, en l'ardente saison,
Traverse en vain les bois et la longue campagne,
Et le fleuve bruyant qui presse la montagne;
Tel le bouillant poète, en ses transports brûlants,
Le front échevelé, les yeux étincelants,
S'agite, se débat, cherche en d'épais bocages.
S'il pourra de sa tête apaiser les orages
Et secouer le dieu qui fatigue son sein.
De sa bouche à grands flots ce dieu dont il est plein
Bientôt en vers nombreux s'exhale et se déchaîne;
Leur sublime torrent roule, saisit, entraîne,

Les tours impétueux, inattendus, nouveaux,
L'expression de flamme aux magiques tableaux
Qu'a trempé la nature en ses couleurs fertiles,
Les nombres tour à tour turbulents et faciles,
Tout porte au fond du cœur le tumulte et la paix ;
Dans la mémoire au loin tout s'imprime à jamais.
C'est ainsi que Minerve, en un instant formée,
Du front de Jupiter s'élance tout armée,
Secouant et le glaive, et le casque guerrier,
Et l'horrible Gorgone à l'aspect meurtrier.

Des Toscans, je le sais, la langue est séduisante :
Cire molle à tout feindre habile et complaisante,
Qui prend d'heureux contours sous les plus faibles mains.
Quand le Nord, s'épuisant de barbares essaims
Vint par une conquête en malheurs plus féconde,
Venger sur les Romains l'esclavage du monde,
De leurs affreux accents la farouche âpreté
Du latin en tous lieux souilla la pureté.
On vit de ce mélange étranger et sauvage
Naître des langues sœurs, que le temps et l'usage,
Par des sentiers divers guidant diversement,
D'une lime insensible ont poli lentement,
Sans pouvoir en entier, malgré tous leurs prodiges,
De la rouille barbare effacer les vestiges.
De là du castillan la pompe et la fierté,
Teint encor des couleurs du langage indompté
Qu'au Tage transplantaient les fureurs musulmanes.
La grâce et la douceur sur les lèvres toscanes

Fixèrent leur empire, et la Seine à la fois
De grâce et de fierté sut composer sa voix.
Mais ce langage, armé d'obstacles indociles,
Lutte et ne veut plier que sous des mains habiles.
Est-ce un mal ? Eh ! plutôt rendons grâces aux dieux.
Un faux éclat longtemps ne peut tromper nos yeux,
Et notre langue même, à tout esprit vulgaire
De nos vers dédaigneux fermant le sanctuaire,
L'avertit dès l'abord que s'il y veut monter
Il faut savoir tout craindre et savoir tout tenter,
Et, recueillant affronts ou gloire sans mélange,
S'élever jusqu'au faîte ou ramper dans la fange.

HERMÈS

PREMIER CHANT

Chénier voulait y représenter la terre « sous l'emblème d'un grand animal qui vit, se meut, est sujet à des changements, des révolutions, des dérangements dans la circulation de son sang. »
Rien n'est fait pour soi seul, dit-il.
Il aurait peint les déluges et leurs ravages.
Il aurait terminé le premier chant par une description de toutes les espèces animales et végétales, des saisons et, surtout du printemps et de l'été.
Un magicien aurait été un des héros de ce poème et le récit de ses métempsycoses aurait montré l'histoire de l'espèce humaine.

. . . .

C'est là qu'admis au fond d'un antique mystère,
L'œil pense avec effroi voir la nature mère,

Dans les convulsions d'un douloureux tourment,
S'agiter sous l'effort d'un long enfantement.

DEUXIÈME CHANT

C'est l'histoire de l'homme « seul perfectible » que Chénier racontera après avoir prouvé que « tout, soit activement, soit passivement, dépend d'une fin commune ».

Il aurait parlé des sens, de l'utilité fréquente des passions, de l'étude psychologique, retracé la formation des langues humaines et des croyances religieuses.

Ridés, le front blanchi, dans notre tête antique
S'éteindra cette flamme ardente et poétique,
Qui, féconde et rapide en un jeune cerveau,
Y peint de l'univers un mobile tableau;
Et par qui tout à coup le poète indomptable
Sort, quitte ses amis, et les jeux, et la table,
S'enferme, et, sous le dieu qui le vient oppresser,
Seul, chez lui, s'interroge, et s'écoute penser.

(Dans la préface du deuxième chant.)

Les Causes

Ainsi, dans les sentiers d'une forêt naissante,
A grands cris élancée, une meute pressante,
Aux vestiges connus dans les zéphyrs errants,
D'un agile chevreuil suit les pas odorants.
L'animal, pour tromper leur course suspendue,
Bondit, s'écarte, fuit; et la trace est perdue.
Furieux, de ses pas cachés dans ces déserts,
Leur narine inquiète interroge les airs,
Par qui bientôt frappés de sa trace nouvelle
Ils volent à grands cris sur sa route fidèle.

La Religion

. . . .
De son horrible aspect menaçait les humains.
Un Grec fut le premier dont l'audace affermie
Leva des yeux mortels sur l'idole ennemie.
Rien ne put l'étonner. Et ces dieux tout-puissants,
Cet Olympe, ces feux et ces bruits menaçants
Irritaient son courage à rompre la barrière
Où, sous d'épais remparts, obscure et prisonnière,

La nature en silence étouffait sa clarté.
Ivre d'un feu vainqueur, son génie indompté,
Loin des murs enflammés qui renferment le monde,
Perça tous les sentiers de cette nuit profonde,
Et de l'immensité parcourut les déserts;
Il nous dit quelles lois gouvernent l'univers,
Ce qui vit, ce qui meurt, et ce qui ne peut être.
La religion tombe et nous sommes sans maître;
Sous nos pieds à son tour elle expire; et les cieux
Ne feront plus courber nos fronts victorieux.

Le Mariage

. . . .
Et quand sa faim vorace, au pied d'un chêne antique,
Avait su du vil gland tombé de ses rameaux
Disputer la pâture aux plus vils animaux,
Un besoin plus terrible, une faim plus brûlante,
Livrait à ses efforts une esclave tremblante
Qui, bientôt de ses bras chassée avec horreur,
Allait d'un nouveau maître assouvir la fureur.
Mais sitôt que Cérès par des lois salutaires
Des humains réunis fit un peuple de frères,
Alors . . . .
Une foi mutuelle unit les hyménées.

TROISIÈME CHANT

Chénier aurait alors parlé des sociétés, de l'agriculture, de la morale, de la législation, de la Politique et terminé par une exposition du système du Monde.

Morale

Il croit (aveugle erreur!) que de l'ingratitude
Un peuple tout entier peut se faire une étude,
L'établir pour son culte, et de dieux bienfaisants
Blasphémer de concert les augustes présents.

Législation

Descends, œil éternel, tout clarté, tout lumière!
Viens luire dans mon âme, éclairer sa paupière,

Pénétrer avec lui dans le cœur des humains ;
De ce grand labyrinthe ouvre-lui les chemins.
Qu'il aille interroger ses plus sombres retraites,
Voir de tous leurs pensers les racines secrètes.
Fais, de leurs passions, à ses doctes efforts,
Tenter, étudier, compter tous les ressorts.
Qu'un charme, en ses discours, flatte, entraîne, ravisse.
Fais régner sur leurs cœurs sa voix législatrice,
Pour qu'il les puisse instruire à vivre plus heureux ;
Les unir de liens qui semblent nés pour eux ;
Étayer leur faiblesse et diriger leur force ;
De l'honnête et du beau leur présenter l'amorce.
Car si pour magistrats les lois ont des bourreaux,
Si leur siège sanglant est sur des échafauds,
La crainte sur les cœurs n'a qu'un pouvoir fragile.
Et qu'espérer de grand chez un peuple servile,
Lâche, à se mépriser en naissant façonné,
Avili par ses lois dès l'instant qu'il est né ?
Par ses lois ! Le poison que son trépas va suivre,
Infecte l'aliment qui dût le faire vivre.
Toujours un grand supplice en amène un plus grand.
Plus la loi fait d'efforts, plus son pouvoir mourant
S'éteint. L'empire fuit dès que Thémis farouche
N'a que flammes, gibets, tortures à la bouche.
Elle lutte, on résiste. Et ce fatal combat
Use l'âme du peuple et les nœuds de l'État.
Sous une loi de sang un peuple est sanguinaire.
Quand d'un crime léger la mort est le salaire,
Tout grand forfait est sûr. Débile à se venger,

La loi ne prévient plus même un crime léger.
La balance est en nous. Le pouvoir d'un caprice
N'a point fondé les droits, la raison, la justice :
Ils sont nés avec l'homme et ses premiers liens.
Tel crime nuit aux mœurs, aux droits des citoyens,
Trouble la paix publique, outrage la nature ;
A ce modèle inné que la loi les mesure :
Que le coupable ingrat soit exclus de jouir
Des mêmes biens communs qu'il osait envahir ;
Qu'à tous les yeux, aux siens, par une loi certaine
La nature du crime en indique la peine.
Clairvoyantes alors, les lois dans le danger
N'apportent point au mal le remède étranger.
La peine, du forfait compagne involontaire,
N'est qu'un juste équilibre, un talion sévère
Que n'épouvante point le scélérat puissant,
Que n'ensanglante point la mort de l'innocent.

La loi, dans les esprits, se glisse, s'insinue,
Les fait penser comme elle et fascine la vue.
Ce qu'elle dit supplice est supplice tout prêt ;
Ce qu'elle nomme un prix est un prix en effet.
Je veux qu'aux citoyens, la justice vengée,
L'honneur d'avoir bien fait, la patrie obligée,
Les regards du sénat, des enfants, des aïeux,
Soient un triomphe cher qui les élève aux cieux.
Je veux que leur bourreau soit la honte ennemie ;
Leurs peines, le mépris ; le blâme, l'infamie ;
Que l'arbre, le rocher, le ciel, les éléments,

Appelés à témoin de la foi des serments,
Soient les juges secrets qui, dans l'âme parjure,
Portent d'un long tourment l'implacable morsure.
Mais cet état surtout porte empreint sur le front
Du père de ses lois l'esprit vaste et profond,
Où par intérêt même on devient magnanime;
Où la misère marche à la suite du crime;
Où par la faim, la soif, le vice est combattu;
Où l'on ne vit heureux qu'à force de vertu.

Politique

. . . .
. . . .
Chassez de vos autels, juges vains et frivoles,
Ces héros conquérants, meurtrières idoles;
Tous ces grands noms, enfants des crimes, des malheurs,
De massacres fumants, teints de sang et de pleurs.
Venez tomber aux pieds de plus nobles images :
Voyez ces hommes saints, ces sublimes courages,
Héros dont les vertus, les travaux bienfaisants,
Ont éclairé la terre et mérité l'encens;
Qui, dépouillés d'eux-même et vivant pour leurs frères,

Les ont soumis au frein des règles salutaires,
Au joug de leur bonheur, les ont faits citoyens;
En leur donnant des lois leur ont donné des biens,
Des forces, des parents, la liberté, la vie;
Enfin qui d'un pays ont fait une patrie.
Et que de fois pourtant leurs frères envieux
Ont d'affronts insensés, de mépris odieux,
Accueilli les bienfaits de ces illustres guides,
Comme dans leurs maisons ces animaux stupides
Dont la dent méfiante ose outrager la main
Qui se tendait vers eux pour apaiser leur faim !
Mais n'importe; un grand homme au milieu des supplices
Goûte de la vertu les augustes délices.
Il le sait : les humains sont injustes, ingrats.
Que leurs yeux un moment ne le connaissent pas;
Qu'un jour entre eux et lui s'élève avec murmure
D'insectes ennemis une nuée obscure;
N'importe, il les instruit, il les aime pour eux.
Même ingrats, il est doux d'avoir fait des heureux.
Il sait que leur vertu, leur bonté, leur prudence,
Doit être son ouvrage et non sa récompense,
Et que leur repentir, pleurant sur son tombeau,
De ses soins, de sa vie est un prix assez beau.
Au loin dans l'avenir sa grande âme contemple
Les sages opprimés que soutient son exemple;
Des méchants dans soi-même il brave la noirceur :
C'est là qu'il sait les fuir; son asile est son cœur.
De ce faîte serein, son Olympe sublime,
Il voit, juge, connaît. Un démon magnanime

Agite ses pensers, vit dans son cœur brûlant,
Travaille son sommeil actif et vigilant,
Arrache au long repos sa nuit laborieuse,
Allume avant le jour sa lampe studieuse,
Lui montre un peuple entier, par ses nobles bienfaits,
Indompté dans la guerre, opulent dans la paix,
Son beau nom remplissant leur cœur et leur histoire,
Les siècles prosternés au pied de sa mémoire.

Par ses sueurs bientôt l'édifice s'accroît.
En vain l'esprit du peuple est rampant, est étroit,
En vain le seul présent les frappe et les entraîne,
En vain leur raison faible et leur vue incertaine
Ne peut de ses regards suivre les profondeurs,
De sa raison céleste atteindre les hauteurs ;
Il appelle les dieux à son conseil suprême.
Ses décrets, confiés à la voix des dieux même,
Entraînent sans convaincre, et le monde ébloui
Pense adorer les dieux en n'adorant que lui.
Il fait honneur aux dieux de son divin ouvrage.
C'est alors qu'il a vu tantôt à son passage
Un buisson enflammé recéler l'Éternel ;
C'est alors qu'il rapporte, en un jour solennel,
De la montagne ardente et du sein du tonnerre,
La voix de Dieu lui-même écrite sur la pierre ;
Ou c'est alors qu'au fond de ses augustes bois
Une nymphe l'appelle et lui trace des lois,
Et qu'un oiseau divin, messager de miracles,
A son oreille vient lui dicter des oracles.

Tout agit pour lui seul, et la tempête et l'air,
Et le cri des forêts, et la foudre et l'éclair;
Tout. Il prend à témoin le monde et la nature;
Mensonge grand et saint! glorieuse imposture,
Quand au peuple trompé ce piège généreux
Lui rend sacré le joug qui doit le rendre heureux!

Le fisc insatiable engloutit les fortunes;
Les lois. . . . .
Leurs décrets sont la toile où l'avide Arachné
Arrête un faible insecte au passage enchaîné.
Un insecte plus fort, bravant son stratagème,
Vole, brise sa trame, et l'emporte elle-même.
. . . .
. . . .
Tels des insectes vils, la nuit, sortent sans nombre
Des retraites du bois d'un lit muet et sombre,
Et sur l'homme endormi, sur ses bras, sur son flanc,
Rampent, courent en foule, et lui sucent le sang.
Puis, s'il eût ajouté : « Tu vois tous ces secrets
Que toi-même étais né pour ne savoir jamais;
Un jour tout ce qu'ici ma voix vient de te dire,
D'eux-mêmes, sans qu'un dieu soit venu les instruire,
Tes pareils le sauront. Tes pareils, les humains
Trouveront jusque-là d'infaillibles chemins.
Ces astres que tu vois épars dans l'étendue,
Ces immenses soleils si petits à ta vue,
Ils sauront leur grandeur, leurs immuables lois,
Mesurer leur distance, et leur cours, et leur poids;

Ils traceront leur forme, ils en feront l'histoire; »
Jamais, je vous le jure, il ne l'eût voulu croire.

Invention des Sciences

. . . .
Avant que des États la base fût constante,
Avant que de pouvoir, à pas mieux assurés,
Des sciences, des arts monter quelques degrés,
Du temps et du besoin l'inévitable empire
Dut avoir aux humains enseigné l'art d'écrire.
D'autres arts l'ont poli; mais aux arts, le premier,
Lui seul des vrais succès peut ouvrir le sentier.
Sur la feuille d'Égypte ou sur la peau ductile,
Même un jour sur le dos d'un albâtre docile,
Au fond des eaux formé des dépouilles du lin,
Une main éloquente, avec cet art divin,
Tient, fait voir l'invisible et rapide pensée,
L'abstraite intelligence et palpable et tracée;
Peint des sons à nos yeux, et transmet à la fois
Une voix aux couleurs, des couleurs à la voix.

Quand des premiers traités la fraternelle chaîne
Commença d'approcher, d'unir la race humaine,

La terre et de hauts monts, des fleuves, des forêts,
Des contrats attestés garants sûrs et muets,
Lurent le livre auguste et les lettres sacrées
Qui faisaient lire aux yeux les promesses jurées.
Dans la suite peut-être ils voulurent sur soi
L'un de l'autre emporter la parole et la foi ;
Ils surent donc, broyant de liquides matières,
L'un sur l'autre imprimer leurs images grossières,
Ou celle du témoin, homme, plante ou rocher,
Qui vit jurer leur bouche et leurs mains se toucher.
De là dans l'Orient ces colonnes savantes,
Rois, prêtres, animaux peints en scènes vivantes,
De la religion ténébreux monuments,
Pour les sages futurs laborieux tourments,
Archives de l'État, où les mains politiques
Traçaient en longs tableaux les annales publiques.
De là, dans un amas d'emblèmes captieux,
Pour le peuple ignorant monstre religieux,
Des membres ennemis vont composer ensemble
Un seul tout, étonné du nœud qui les rassemble ;
Un corps de femme au front d'un aigle enfant des airs
Joint l'écaille et les flancs d'un habitant des mers.
Cet art simple et grossier nous a suffi peut-être
Tant que tous nos discours n'ont su voir ni connaître
Que les objets présents dans la nature épars,
Et que tout notre esprit était dans nos regards.
Mais on vit, quand vers l'homme on apprit à descendre,
Quand il fallut fixer, nommer, écrire, entendre
Du cœur, des passions les plus secrets détours,

Les espaces du temps ou plus longs ou plus courts,
Quel cercle étroit bornait cette antique écriture.
Plus on y mit de soins, plus, incertaine, obscure,
Du sens confus et vague elle épaissit la nuit.
Quelque peuple à la fin, par le travail instruit,
Compte combien de mots l'héréditaire usage
A transmis jusqu'à lui pour former un langage.
Pour chacun de ces mots un signe est inventé,
Et la main qui l'entend des lèvres répété
Se souvient d'en tracer cette image fidèle ;
Et sitôt qu'une idée inconnue et nouvelle
Grossit d'un nouveau mot ces mots déjà nombreux,
Un nouveau signe accourt s'enrôler avec eux.

C'est alors, sur des pas si faciles à suivre,
Que l'esprit des humains est assuré de vivre.
C'est alors que le fer, à la pierre, aux métaux,
Livre, en dépôt sacré pour les âges nouveaux,
Nos âmes et nos mœurs fidèlement gardées,
Et l'œil sait reconnaître une forme aux idées.
Dès lors des grands aïeux les travaux, les vertus
Ne sont point pour leurs fils des exemples perdus.
Le passé du présent est l'arbitre et le père,
Le conduit par la main, l'encourage, l'éclaire.
Les aïeux, les enfants, les arrière-neveux,
Tous sont du même temps, ils ont les mêmes vœux.
La patrie, au milieu des embûches, des traîtres,
Remonte en sa mémoire, a recours aux ancêtres,
Cherche ce qu'ils feraient en un danger pareil,

Et des siècles vieillis assemble le conseil.
La terre est son domaine et, possesseur ardent,
Il court, juge, voit tout comme le fils prudent
Qui va de ses aïeux visiter l'héritage,
Et parcourt tous les biens laissés pour son partage.

Système du monde

Mais ces soleils assis dans leur centre brûlant,
Et chacun roi d'un monde autour de lui roulant,
Ne gardent point eux-même une immobile place.
Chacun avec son monde emporté dans l'espace,
Ils cheminent eux-même : un invincible poids
Les courbe sous le joug d'irrésistibles lois,
Dont le pouvoir sacré, nécessaire, inflexible,
Leur fait poursuivre à tous un centre irrésistible.
. . . .
. . . .
L'océan éternel où bouillonne la vie.
. . . .
. . . .
. . . .
Ainsi, quand de l'Euxin la déesse étonnée

Vit du premier vaisseau son onde sillonnée,
Aux héros de la Grèce, à Colchos appelés,
Orphée expédiait les mystères sacrés
Dont sa mère immortelle avait daigné l'instruire.
Près de la poupe assis, appuyé sur sa lyre,
Il chantait quelles lois à ce vaste univers
Impriment à la fois des mouvements divers ;
Quelle puissance entraîne ou fixe les étoiles ;
D'où le souffle des vents vient animer les voiles ;
Dans l'ombre de la nuit quels célestes flambeaux
Sur l'aveugle Amphitrite éclairent les vaisseaux.
Ardents à recueillir ces merveilles utiles,
Autour du demi-dieu les princes immobiles
Aux accents de sa voix demeuraient suspendus,
Et l'écoutaient encor quand il ne chantait plus.
. . . .
. . . .
Dans nos vastes cités, par le sort partagés,
Sous deux injustes lois les hommes sont rangés :
Les uns, princes et grands, d'une avide opulence
Étalent sans pudeur la barbare insolence ;
Les autres, sans pudeur, vils clients de ces grands,
Vont ramper sous les murs qui cachent leurs tyrans,
Admirer ces palais aux colonnes hautaines
Dont eux-même ont payé les splendeurs inhumaines,
Qu'eux-même ont arrachés aux entrailles des monts,
Et tout trempés encor des sueurs de leurs fronts.

Moi, je me plus toujours, client de la nature,

A voir son opulence et bienfaisante et pure,
Cherchant loin de nos murs les temples, les palais
Où la Divinité me révèle ses traits,
Ces monts, vainqueurs sacrés des fureurs du tonnerre,
Ces chênes, ces sapins, premiers-nés de la terre;
Les pleurs des malheureux n'ont point teint ces lambris.
D'un feu religieux le saint poète épris
Cherche leur pur éther et plane sur leur cime.
Mer bruyante, la voix du poète sublime
Lutte contre les vents, et tes flots agités
Sont moins forts, moins puissants que ses vers indomptés.
A l'aspect du volcan, aux astres élancée,
Luit, vole avec l'Etna, la bouillante pensée.

Heureux qui sait aimer ce trouble auguste et grand :
Seul, il rêve en silence à la voix du torrent
Qui le long des rochers se précipite et tonne;
Son esprit en torrent et s'élance et bouillonne.
Là, je vais dans mon sein méditant à loisir
Des chants à faire entendre aux siècles à venir;
Là, dans la nuit des cœurs qu'osa sonder Homère,
Cet aveugle divin et me guide et m'éclaire.
Souvent mon vol, armé des ailes de Buffon,
Franchit avec Lucrèce, au flambeau de Newton,
La ceinture d'azur sur le globe étendue.
Je vois l'être et la vie et leur source inconnue,
Dans les fleuves d'éther tous les mondes roulants
Je poursuis la comète aux crins étincelants,
Les astres et leurs poids, leurs formes, leurs distances.

Je voyage avec eux dans leurs cercles immenses.
Comme eux, astre, soudain je m'entoure de feux ;
Dans l'éternel concert je me place avec eux :
En moi leurs doubles lois agissent et respirent ;
Je sens tendre vers eux mon globe qu'ils attirent.
Sur moi qui les attire ils pèsent à leur tour.
Les éléments divers, leur haine, leur amour,
Les causes, l'infini s'ouvre à mon œil avide.
Bientôt redescendu sur notre fange humide,
J'y rapporte des vers de nature enflammés,
Aux purs rayons des dieux dans ma course allumés.
Écoutez donc ces chants d'Hermès dépositaires,
Où l'homme antique, errant dans ses routes premières,
Fait revivre à vos yeux l'empreinte de ses pas.
Mais dans peu, m'élançant aux armes, aux combats,
Je dirai l'Amérique à l'Europe montrée ;
J'irai dans cette riche et sauvage contrée
Soumettre au Mançanar le vaste Maranon.
Plus loin dans l'avenir je porterai mon nom,
Celui de cette Europe en grands exploits féconde,
Que nos jours ne sont loin des premiers jours du monde.

O mon fils, mon Hermès, ma plus belle espérance,
O fruit des longs travaux de ma persévérance,
Toi, l'objet le plus cher des veilles de dix ans,
Qui m'as coûté des soins et si doux et si lents ;
Confident de ma joie et remède à mes peines ;
Sur les lointaines mers, sur les terres lointaines,
Compagnon bien-aimé de mes pas incertains,

O mon fils, aujourd'hui quels seront tes destins ?
Une mère longtemps se cache ses alarmes :
Elle-même à son fils veut attacher ses armes ;
Mais quand il faut partir, ses bras, ses faibles bras
Ne peuvent sans terreur l'envoyer aux combats.
Dans la France, pour toi, que faut-il que j'espère ?
Jadis, enfant chéri, dans la maison d'un père
Qui te regardait naître et grandir sous ses yeux,
Tu pouvais, sans péril, disciple curieux,
Sur tout ce qui frappait ton enfance attentive
Donner un libre essor à ta langue naïve.
Plus de père aujourd'hui ! le mensonge est puissant ;
Il règne. Dans ses mains luit un fer menaçant.
De la vérité sainte il déteste l'approche.
Il craint que son regard ne lui fasse un reproche ;
Que ses traits, sa candeur, sa voix, son souvenir,
Tout mensonge qu'il est, ne le fassent pâlir.
Mais la vérité seule est une, est éternelle.
Le mensonge varie ; et l'homme, trop fidèle,
Change avec lui : pour lui les humains sont constants
Et roulent de mensonge en mensonge flottants.
. . . .
. . . .
Perdu, n'existant plus qu'en un docte cerveau,
Le français ne sera dans ce monde nouveau
Qu'une écriture antique et non plus un langage.
O, si tu vis encore, alors peut-être un sage
Près d'une lampe assis, dans l'étude plongé,
Te retrouvant poudreux, obscur, demi-rongé,

Voudra creuser le sens de tes lignes pensantes.
Il verra si, du moins, tes feuilles innocentes
Méritaient ces rumeurs, ces tempêtes, ces cris,
Qui vont sur toi sans doute éclater dans Paris.

SUZANNE

POÈME EN SIX CHANTS

PREMIER CHANT

Je dirai l'innocence en butte à l'imposture,
Et le pouvoir inique, et la vieillesse impure,
L'enfance auguste et sage, et Dieu, dans ses bienfaits,
Qui daigne la choisir pour venger les forfaits.
O fille du Très-Haut, organe du génie,
Voix sublime et touchante, immortelle harmonie,
Toi qui fais retentir les saints échos du ciel
D'hymnes que vont chanter, près du trône éternel,
Les jeunes séraphins aux ailes enflammées;
Toi qui vins sur la terre aux vallons idumées
Répéter la tendresse et les transports si doux
De la belle d'Égypte et du royal époux;

Et qui, plus fière, aux bords où la Tamise gronde,
As, depuis, fait entendre et l'enfance du monde,
Et le chaos antique, et les anges pervers,
Et les vagues de feu roulant dans les enfers,
Et des premiers humains les chastes hyménées,
Et les douceurs d'Éden sitôt abandonnées,
Viens; coule sur ma bouche, et descends dans mon cœur.
Mets sur ma langue un peu de ce miel séducteur
Qu'en des vers tout trempés d'une amoureuse ivresse
Versait du sage roi la langue enchanteresse;
Un peu de ces discours grands, profonds comme toi,
Paroles de délice ou paroles d'effroi
Aux lèvres de Milton incessamment écloses,
Grand aveugle dont l'âme a su voir tant de choses!

Départ de Joachim dont les deux vieillards, ses faux amis, convoitent l'épouse, Suzanne.

. . . . et quand la nuit tranquille
Commençait de s'asseoir sur les tours de la ville,
Tous les deux, se glissant par des chemins divers,
Retournent vers ce toit où leur âme est aux fers.
Au seuil de Joachim ils arrivent ensemble,
Se rencontrent. Chacun veut fuir, recule, tremble,
Craint les regards de l'autre, inquiet, incertain,
Confus de son silence. Et Manassès enfin :
« Mais, Séphar, je croyais qu'au sein de ta famille
Tu pressais dans tes bras et ta femme et ta fille.
J'attendais peu qu'ici, pour ne te rien celer...
— Toi-même, dit Séphar, qui peut t'y rappeler?

Joachim est absent, tu le sais... Dans ton âme,
Peut-être pensais-tu que l'amour de sa femme
L'a déjà, malgré lui... — Non, non, dit Manassès,
Pour un plus long séjour j'ai vu tous ses apprêts.
Je venais... Sur ce seuil c'est lui qui me rappelle.
Il se peut que déjà quelque esclave fidèle
Soit venu. » Mais Séphar sourit et l'interrompt,
Et d'un regard perçant, et secouant le front :
« Va, je sais quel projet t'amène et te tourmente ;
Joachim est absent, mais Suzanne est présente.
Suzanne !... Manassès, tu l'aimes, je le vois,
Mais j'ai des yeux aussi ; je l'aime comme toi.
— Oui, Séphar, oui, je l'aime, et j'en fais gloire, et doute
Que tu veuilles sur moi... — Tiens, Manassès, écoute :
Nous régnons sur le peuple, unis jusqu'aujourd'hui ;
C'est par là, tu le sais, que nous régnons sur lui.
Tu me hais, je te hais. Si tu veux me détruire,
Tu le peux. Si je veux, je puis aussi te nuire.
Mais, ennemis secrets ou sincères amis,
Toujours même intérêt nous force d'être unis.
Les attraits d'une femme ont fasciné ta vue :
A ses attraits aussi mon âme s'est émue.
Nous sommes vieux tous deux ; mais quel œil peut la voir
Sans pétiller d'amour, de jeunesse, d'espoir ?
Ne soyons point jaloux. Faut-il qu'un de nous pleure ?
Pour qu'elle soit à l'un, faut-il que l'autre meure ?
Quand j'aurai de ma soif dans ses embrassements
Rassasié les feux et les emportements
Envîrai-je qu'un autre, altéré de ma proie,

Aille aussi dans ses bras chercher la même joie?
Va, tu peux sur sa bouche éteindre tes ardeurs,
J'y peux de mon amour épuiser les fureurs,
Sans qu'elle ait rien perdu de sa beauté suprême.
Nous la retrouverons tout entière la même,
Aidons-nous : ce trésor peut suffire à tous deux ;
Elle possède assez pour faire deux heureux. »

Il dit, et sur les plis de leurs sombres visages
Éclate un noir sourire. « Oui, Séphar, soyons sages,
Dit Manassès. Aimons, ne soyons point amis ;
Et, pour tromper toujours soyons toujours unis.
Laissons à l'inquiète et vaine adolescence
De ses amours jaloux l'enfantine imprudence.
Viens ! au sortir du temple où ces temps malheureux
Attirent plus souvent les timides Hébreux,
Nous irons concerter chez moi, dans le mystère,
Les moyens de séduire et de nous satisfaire. »

Suzanne qui s'est rendue au temple et y a entendu le jeune prophète Daniel, ne peut dormir la nuit et veut descendre dans ses jardins.

DEUXIÈME CHANT

Après cette promenade elle rentre plus calme. Son ange et celui de sa jeune sœur ont entendu les mauvais anges des deux vieillards se flatter des souffrances prochaines de Suzanne. Les vieillards, cachés dans le jardin, y passent tout le jour.

TROISIÈME CHANT

Suzanne au bain.

. . . . . A loisir les infâmes vieillards
S'enivrent quelque temps d'impudiques regards.
Ils attendent qu'au ciel la belle vertueuse
Offre les doux transports de son âme pieuse,
Qu'elle rêve à l'époux cher à son souvenir,
Que son esclave enfin n'ait plus à revenir :
Puis, comme deux serpents à l'haleine empestée,
Quittant les noirs détours d'une rive infectée,
Fondent sur un enfant qui dort au coin d'un bois,
Ainsi de leur retraite ils sortent à la fois.
Et sur elle avançant leur main vile et profane :
« Viens, sois à nous, ô belle, ô charmante Suzanne !
Viens, nul mortel ne sait qu'en ce bois écarté
Nous avons... » A ce bruit, l'innocente beauté
Rougit, tremble, pâlit, se retourne, s'étonne,
Se courbe, au fond de l'eau se plonge, s'environne,
Et mourante, ses bras contre son sein pressés,
Et ses yeux, et ses cris vers le ciel élancés :

« Dieu ! grand Dieu ! sauve-moi ; grand Dieu ! Dieu secourable !
Couvre-moi d'un rempart, d'un voile impénétrable ;
Tonne, ouvre-moi la terre, ouvre-moi les enfers.
Cache-moi dans ton sein. Sur eux, sur ces pervers,
Jette l'aveuglement, la nuit, la nuit subite
Dont tu frappas jadis une ville maudite.
Dieu ! grand Dieu !... » Les vieillards, inquiets, frémissants,
Lui murmurent tout bas vingt discours menaçants.
Ils iront ; des jardins ils ouvriront la porte ;
Ils sauront appeler une nombreuse escorte ;
Ils diront qu'en ce lieu conduits par des hasards,
Suzanne dans le crime a frappé leurs regards.
« Oui, crains notre vengeance ; obéis, tais-toi, cède. »
Mais sans les écouter : « Grand Dieu ! viens à mon aide,
Dieu juste, anges du ciel, criait-elle toujours,
Joachim ! Joachim ! oh ! viens à mon secours ! »

QUATRIÈME CHANT

Les vieillards accusent Suzanne d'adultère et lui offrent la vie si elle consent à céder à leur passion.

CINQUIÈME CHANT

Suzanne marche au supplice. Retour de Joachim.

SIXIÈME CHANT

Daniel proclame l'innocence de Suzanne. Les calomniateurs sont lapidés.

AMÉRIQUE

Géographie

Que ton œil, voyageur, de peuples en déserts
Parcoure l'ancien monde et traverse les mers :
Rome antique partout, Rome, Rome immortelle,
Vit et respire, et tout semble vivre par elle.
De l'Atlas au Liban, de l'Euphrate au Bétis,
Du Tage au Rhin glacé, de l'Elbe au Tanaïs,
Et des flots de l'Euxin à ceux de l'Hyrcanie,
Partout elle a gravé le sceau de son génie.
Partout de longs chemins, des temples, des cités,
Des ponts, des aqueducs en arcades voûtés,
Des théâtres, des forts assis sur des collines,
Des bains, de grands palais et de grandes ruines
Gardent empreinte encore une puissante main,
Et cette Rome auguste et le grand nom romain.

Et d'un peuple ignorant les débiles courages,
Étonnés et confus de si vastes ouvrages,
Aiment mieux assurer que de ces monuments
Le bras seul des démons jeta les fondements.

Épisodes

...Pour moi, je les crois fils de ces dieux malfaisants
Pour qui nos maux, nos pleurs, sont le plus doux encens.
Loin d'être dieux eux-même, ils sont tels que nous sommes,
Vieux, malades, mortels. Mais, s'ils étaient des hommes,
Quel germe dans leur cœur peut avoir enfanté
Un tel excès de rage et de férocité?
Chez eux peut-être aussi qu'une avare nature
N'a point voulu nourrir cette race parjure.
Le cacao sans doute et ses glands onctueux
Dédaignent d'habiter leurs bois infructueux.
Leur soleil ne sait point sur leurs arbres profanes
Mûrir le doux coco, les mielleuses bananes.
Leurs champs du beau maïs ignorent la moisson,
La mangue leur refuse une douce boisson.
D'herbages vénéneux leurs terres sont couvertes.
Noires d'affreux poisons, leurs rivières désertes
N'offrent à leurs filets nulle proie, et leurs traits
Ne trouvent point d'oiseaux dans leurs sombres forêts.

. . . .
. . . .
. . . .
Magellan, fils du Tage, et Dracke et Bougainville,
Et l'Anglais dont Neptune aux plus lointains climats
Reconnaissait la voile et respectait les pas.
Le Cancer sous les feux de son brûlant tropique
L'attire entre l'Asie et la vaste Amérique,
En des ports où jadis il entra le premier.
Là l'insulaire ardent, jadis hospitalier,
L'environne : il périt. Sa grande âme indignée,
Sur les flots, son domaine, à jamais promenée,
D'ouragans ténébreux bat le sinistre bord
Où son nom, ses vertus, n'ont point fléchi la mort.
J'accuserai les vents et cette mer jalouse
Qui retient, qui peut-être a ravi La Pérouse.
Il partit. L'Amitié, les sciences, l'amour
Et la gloire française imploraient son retour.
Six ans sont écoulés sans que la renommée
De son trépas au moins soit encore informée.
Malheureux ! un rocher inconnu, sous les eaux
A-t-il, brisant les flancs de tes hardis vaisseaux,
Dispersé ta dépouille au sein du gouffre immense ?
Ou, le nombre et la fraude opprimant ta vaillance,
Nu, captif, désarmé, du sauvage inhumain
As-tu vu s'apprêter l'exécrable festin ?
Ou plutôt dans une île, assis sur le rivage,
Attends-tu ton ami voguant de plage en plage;
Ton ami qui partout, jusqu'aux bornes des mers

Où d'éternelles nuits et d'éternels hivers
Font plier notre globe entre deux monts de glace,
Aux flots de l'Océan court demander ta trace?
Malheureux! tes amis, souvent dans leurs banquets,
Disent en soupirant : « Reviendra-t-il jamais?
Ta femme à son espoir, à ses vœux enchaînée,
Doutant de son veuvage ou de son hyménée,
N'entend, ne voit que toi dans ses chastes douleurs,
Se reproche un sourire, et tout entière aux pleurs,
Cherche en son lit désert, peuplé de ton image
Un pénible sommeil que trouble ton naufrage.

*
* *

Le poète divin, tout esprit, tout pensée,
Ne sent point dans un corps son âme embarrassée;
Il va percer le ciel aux murailles d'azur;
De la terre, des mers, le labyrinthe obscur.
Ses vers ont revêtu, prompts et légers protées,
Les formes tour à tour à ses yeux présentées.
Les torrents, dans ses vers, du droit sommet des monts
Tonnent précipités en des gouffres profonds.
Là, des flancs sulfureux d'une ardente montagne,
Ses vers cherchent les cieux et brûlent les campagnes,
Et là, dans la mêlée aux reflux meurtriers,
Leur clameur sanguinaire échauffe les guerriers.
Puis, d'une aile glacée assemblant les nuages

Ils volent, troublent l'onde et soufflent les naufrages,
Et répètent au loin et les longs sifflements,
Et la tempête sombre aux noirs mugissements,
Et le feu des éclairs et les cris du tonnerre.
Puis, d'un œil doux et pur souriant à la terre,
Ils la couvrent de fleurs; ils rassérènent l'air.
Le calme suit leurs pas et s'étend sur la mer.

Exposé de l'Histoire du monde et des empires

Henri V.

Grand roi, vaillant guerrier, d'un père usurpateur,
Dès son adolescence, illustre imitateur.
N'étant que prince encore, aux périls, au carnage
De nocturnes bandits formèrent son courage.
Voilà quels chevaliers, l'effroi des grands chemins,
Confièrent l'épée à ses royales mains.
A leur tête longtemps il fit payer sa gloire
Au passant chargé d'or qui durant l'ombre noire
De Windsor à la hâte osait tenter les bois.
Roi, maintenant, il vient par les mêmes exploits
Signaler contre nous son noble apprentissage
Du métier de brigand si cher à son jeune âge.

Les Anglais à ses goûts toujours accoutumés,
Gens de sang, de débauche et de proie affamés,
Aimaient à voir chez nous le maître de leur trône,
Le pistolet en main, demander la couronne;
Et chérissaient un prince incapable d'effroi,
D'un antre de voleurs sorti pour être roi...
Vincennes! bois auguste où le grand saint Louis
Nous rendait la justice au pied d'un chêne assis,
Pensais-tu que jamais de ce roi plein de gloire,
La moitié de la France outrageant la mémoire,
Sous tes antiques murs qui furent son palais,
Vînt couronner un front qui n'était point français?
Saint-Denis! lieu sacré! tes voûtes sépulcrales
Tressaillirent. L'on vit fuir les ombres royales,
Tremblantes qu'à leur cendre un étranger nouveau
Mêlant sa cendre impie usurpât leur tombeau.
Guillaume, heureux vassal des rois de cette terre,
Fier et brave Normand maître de l'Angleterre,
Tu ne prévoyais point qu'un jour un de ses rois
Dicterait aux Français de sacrilèges lois.
O crime! ô noir complot! la fille de Bavière
Sur le trône français, aux Français étrangère,
Du sein de ses plaisirs qu'elle nous fit payer,
Nomme l'usurpateur son fils, son héritier!
D'un malheureux époux la fatale démence
Mit dans ses viles mains le timon de la France.
Elle vend ses sujets, elle proscrit son fils,
Elle donne sa fille aux brigands ennemis;
Mère, épouse, régente, et reine parricide,

Tout l'État est la dot de cet hymen perfide.
C'est alors, en effet, que vaincus, enchaînés,
Captifs de l'insulaire, à sa suite trainés,
Les anges de la France, arrachés à nos villes,
Passèrent l'océan, et, de leurs pieds débiles
Touchant le sol anglais, dans leurs pâles douleurs
Tournèrent vers nos bords leurs yeux noyés de pleurs.
La Tamise asservit à ses lois insolentes
De nos fleuves français les nymphes gémissantes;
Londre, apportant des fers, vint de notre Paris
Fouler d'un pied sanglant les augustes débris;
Et le lis transplanté sous un ciel tyrannique
Eut regret d'embellir l'écusson britannique.

Ensuite la délivrance des français, etc...

Et je méprise un roi quand un roi s'avilit.

Chénier aurait voulu créer un Œdipe américain, et imiter la scène de Cassandre dans Agamemnon, *en faisant prédire à une prophétesse l'assassinat de François Pizarre.*

L'ART D'AIMER

PREMIER CHANT

. . . .

Flore met plus d'un jour à finir une rose.
Plus d'un jour fait l'ombrage où Palès se repose;
Et plus d'un soleil dore, au penchant des coteaux,
Les grappes de Bacchus, ces rivales des eaux.
Qu'ainsi ton doux projet en silence mûrisse,
Que sous tes pas certains la route s'aplanisse,
Qu'un œil sûr te dirige; et de loin, avec art,
Dispose ces ressorts que l'on nomme hasard.
Mais souvent un jeune homme, aspirant à la gloire
De venir, voir, et vaincre, et prôner sa victoire,
Vole, et hâtant l'assaut qu'il eût dû préparer,

. . . .

L'imprudent a voulu cueillir avant l'automne

L'espoir à peine éclos d'une riche Pomone ;
Il a coupé ses blés quand les jeunes moissons
Ne passaient point encor les timides gazons.
Le danger, c'est ainsi que leur bouche l'appelle,
D'abord, effraie ou semble effrayer une belle ;
Prudence, adresse, temps, savent l'accoutumer
A le voir sans le craindre et bientôt à l'aimer.
Quand Junon sur l'Ida plut au maître du monde,
Xanthus l'avait tenue au cristal de son onde,
Et sur sa peau vermeille une savante main
Fit distiller la rose et les flots de jasmin.
Cultivez vos attraits ; la plus belle nature
Veut les soins délicats d'une aimable culture.
Mais si l'usage est doux, l'abus est odieux.
Des parfums entassés l'amas fastidieux,
De la triste laideur trop impuissantes armes,
A d'indignes soupçons exposerait vos charmes.
Que dans vos vêtements le goût seul consulté
N'étale qu'élégance et que simplicité.
L'or ni les diamants n'embellissent les belles ;
Le goût est leur richesse, et, tout-puissant comme elles,
Il sait créer de rien leurs plus beaux ornements ;
Et tout est sous ses doigts l'or et les diamants.
J'aime un sein qui palpite et soulève une gaze.
L'heureuse volupté se plaît, dans son extase,
A fouler mollement ces habits radieux
Que déploie au Cathay le ver industrieux.
Le coton mol et souple, en une trame habile,
Sur les bords indiens, pour vous prépare et file

Ce tissu transparent, ce réseau de Vulcain,
Qui perfide et propice à l'amant incertain,
Lui semble un voile d'air, un nuage liquide,
Où Vénus se dérobe et fuit son œil-avide.
Sur ses membres. . . . .
S'étend le doux réseau d'une peau diaphane.
Quand la gaze ou le lin, barrière mal tissue,
Qui la couvre ou plutôt la découvre à sa vue,
Suivant de tout son corps les détours gracieux,
C'est par ses vêtements qu'elle est nue à tes yeux.
La sombre défiance assiège en vain ta trace,
Il faut oser. L'amour favorise l'audace.
Les ruses des mortels n'éludèrent jamais
D'un enfant et d'un dieu les ruses et les traits.
Que sert des tours d'airain tout l'appareil horrible ?
Que servit à Junon son Argus si terrible ?
Ce front d'inquiétude armé de toutes parts,
Où veillaient à la fois cent farouches regards ?

DEUXIÈME CHANT

Si d'un mot échappé l'outrageuse rudesse
A pu blesser l'amour et sa délicatesse,
Immobile il gémit; songe à tout expier.
Sans honte, sans réserve, il faut s'humilier;

Tombe même à genoux, bien loin de te défendre ;
Tu le verras soudain plus amoureux, plus tendre,
Courir et t'arrêter, et lui-même à genoux
Accuser en pleurant son injuste courroux.
Mais souvent malgré toi, sans fiel ni sans injure,
Ta bouche d'un trait vif aiguise la piqûre ;
Le trait vole, tu veux le rappeler en vain ;
Ton amant consterné dévore son chagrin.
Ou bien d'un dur refus l'inflexible constance
De ses feux tout un jour a trompé l'espérance.
Il boude ; un peu d'aigreur, un mot même douteux
Peut tourner la querelle en débat sérieux.
Oh ! trop heureuse alors si, pour fuir cet orage,
Les Grâces t'ont donné leur divin badinage,
Cet air humble et soumis de n'oser l'approcher,
D'avoir peur de ses yeux et de t'aller cacher,
Et de mille autres jeux l'inévitable adresse,
De mille mots plaisants l'aimable gentillesse,
Enfin tous ces détours dont le charme ingénu
Force un rire amoureux vainement retenu.
Il t'embrasse, il te tient, plus que jamais il t'aime ;
C'est ton tour maintenant de le bouder lui-même.
Loin de s'en effrayer, il rit, et mes secrets
L'ont instruit des moyens de ramener la paix.

. . . .

Sache inventer pour lui mille tendres folies.
Il faut, en le grondant, le serrer dans tes bras ;
Lui dire, en le baisant, que tu ne l'aimes pas ;
Et les reproches feints, la colère badine ;

Et des mots caressants la mollesse enfantine ;
Et de mille baisers l'implacable fureur.
. . . .

———

Souvent d'un peu d'humeur, d'un moment de caprice
(Toute belle a les siens) il ressent l'injustice ;
Il se désole, il crie, il est trompé, trahi ;
Tu ne mérites pas un amant tel que lui ;
Il a le cœur si bon ! Sa sottise est extrême !
Il te hait, te maudit ; plus que jamais il t'aime.
Crains que l'ennui fatal dans son cœur introduit
Puisse compter les pas de l'heure qui s'enfuit.
Il est, pour la tromper, un aimable artifice :
Amuse-la des jeux qu'invente le caprice ;
Lasse sa patience à mille tours malins,
Ris-toi de sa faiblesse et de ses cris mutins.
Tu braves tant de fois sa menace éprouvée,
Elle vole, tu fuis ; la main déjà levée,
Elle te tient, te presse ; elle va te punir.
Mais vos bouches déjà ne cherchent qu'à s'unir.
Le ciel d'un feu plus beau luit après un orage.
L'amour fait à Paphos naître plus d'un nuage,
Mais c'est le souffle pur qui rend l'éclat à l'or,
Et la peine en amour est un plaisir encor.
Le hasard à ton gré n'est pas toujours docile.
Une belle est un bien si léger, si mobile !
Souvent tes doux projets, médités à loisir,

D'avance destinaient la journée au plaisir;
Non, elle ne veut pas. D'autres soins occupée,
Tu vois avec douleur ton attente échappée.
Surtout point de contrainte. Espère un plus beau jour.
Imprudent qui fatigue et tourmente l'amour.
Essaye avec les pleurs, les tendres doléances,
De faire à ses desseins de douces violences.
Sinon, tu vas l'aigrir; tu te perds. La beauté,
Je te l'ai fait entendre, aime sa volonté.
Son cœur impatient, que la contrainte blesse,
Se dépite : il est dur de n'être pas maîtresse.
Prends-y garde : une fois le ramier envolé
Dans sa cage confuse est en vain rappelé.
Cède; assieds-toi près d'elle; et, soumis avec grâce,
D'un ton un peu plus froid, sans aigreur ni menace,
Dis-lui que de tes vœux son plaisir est la loi.
Va, tu n'y perdras rien, repose-toi sur moi.
Complaisance a toujours la victoire propice.
Souvent de tes désirs l'utile sacrifice,
Comme un jeune rameau planté dans la saison,
Te rendra de doux fruits une longue moisson.
Flore a pour les amants ses corbeilles fertiles;
Et les fleurs, dans les jeux, ne sont pas inutiles.
Les fleurs vengent souvent un amant courroucé
Qui feint sur un seul mot de paraître offensé.
Il poursuit son espiègle, il la tient, il la presse;
Et, fixant de ses flancs l'indocile souplesse,
D'un faisceau de bouquet en cachette apporté
Châtie, en badinant, sa coupable beauté,

La fait taire et la gronde, et d'un maître sévère
Imite, avec amour, la plainte et la colère ;
Et négligeant ses cris, sa lutte, ses transports,
Arme le fouet léger de rapides efforts,
Frappe et frappe sans cesse, et s'irrite et menace,
Et force enfin sa bouche à lui demander grâce.
Telle Vénus souvent, aux genoux d'Adonis,
Vit des taches de rose empreintes sur ses lis.
Tel l'Amour, enchanté d'un si doux badinage,
Loin des yeux de sa mère, en un charmant rivage,
Caressait sa Psyché dans leurs jeux enfantins,
Et de lacets dorés chargeait ses belles mains.

Fontenay ! lieu qu'Amour fit naître avec la rose,
J'irai (sur cet espoir mon âme se repose),
J'irai te voir, et Flore et le ciel qui te luit.
Là je contemple enfin (ma déesse m'y suit),
Sur un lit que je cueille en tes riants asiles,
Ses appas, sa pudeur, et ses fuites agiles,
Et dans la rose en feu l'albâtre confondu,
Comme un ruisseau de lait sur la pourpre étendu.

TROISIÈME CHANT

. . . .
Une jeune beauté par lui seul affermie,

Quand la troupe aux cent yeux est enfin endormie,
De son lit qui pleurait l'absent trop attendu
Fuit, se glisse, et d'un pied muet et suspendu
Au jeune impatient va, d'aise palpitante,
Ouvrir enfin la porte amie et confidente;
Et sa main, devant elle, interroge sans bruit
Et sa route peureuse et les murs et la nuit.
. . . .
Il apprend aux soupirs à s'exhaler à peine;
Il instruit, près des murs qui pourraient vous ouïr,
Vos baisers à se taire et ne vous point trahir.

———

. . . . L'obstacle encourage l'amour.
J'épargne le chevreuil que nul bois, nul détour
Ne dérobe à mes traits dans la vaste campagne;
Je veux le suivre au haut de la sombre montagne,
Et, trempé de sueurs, affronter en courant
La ronce hérissée et l'orageux torrent.

———

. . . .
De tes traits languissants observe la pâleur;
Si telle est des amants l'amoureuse couleur.
Procris, pâle et mourante, aux bois suivait Céphale.
Vois, pour Endymion, Phœbé mourante et pâle,

Vois d'Alphée éploré pâlir le front vermeil,
Et la pâle Clytie amante du soleil.

Quand l'ardente saison fait aimer les ruisseaux,
A l'heure où, vers le soir, cherchant le frais des eaux,
La belle nonchalante à l'ombre se promène ;
Que sa bouche entr'ouverte et que sa pure haleine,
Et son sein plus ému de tendresse et de vœux,
Appellent le baiser et respirent ses feux ;
Que l'amant peut venir, et qu'il n'a plus à craindre
La raison qui mollit et commence à le plaindre ;
Que sur tout son visage, ardente et jeune fleur,
Se répand un sourire insensible et rêveur ;
Que son cou faible et lent ne soutient plus sa tête ;
Que ses yeux, dans sa course incertaine et muette,
Sous leur longue paupière à peine ouverte au jour
Languissent mollement et sont noyés d'amour.

. . . .
Aux signes de l'aimant statue obéissante,
S'enflamme au seul aspect d'un feu contagieux.
Ainsi, quand au hasard un doigt harmonieux
Agite et fait parler une corde sonore,
Une autre corde au loin qu'on négligeait encore

D'elle-même résonne, éveillée à ce bruit,
Et s'unit à sa sœur, et l'écoute et la suit.

Aux bords où l'on voit naître et l'Euphrate et le jour,
Plus d'obstacle et de crainte environne l'amour.
Aussi . . . .
. . . .
. . Sans se pouvoir parler même des yeux,
On se parle, on se voit. Leur cœur ingénieux
Donne à tout une voix entendue et muette,
Tout de leurs doux pensers est le doux interprète.
Désirs, crainte, serments, caresse, injure, pleurs,
Leurs dons savent tout dire; ils s'écrivent des fleurs.
Par la tulipe ardente une flamme est jurée;
L'amarante immortelle atteste sa durée;
L'œillet gronde une belle. Un lis vient l'apaiser.
L'iris est un soupir; la rose est un baiser.
C'est ainsi chaque jour qu'une sultane heureuse
Lit en bouquet la lettre odorante, amoureuse.
Elle pare son sein de soupirs et de vœux;
Et des billets d'amour embaument ses cheveux.
Offrons tout ce qu'on doit d'encens, d'honneurs suprêmes,
Aux dieux, à la beauté plus divine qu'eux-mêmes.
Puisse aux vallons d'Hémus, où les rocs et les bois
Admirèrent d'Orphée et suivirent la voix,
L'Hèbre ne m'avoir pas en vain donné naissance!
Les muses avec moi vont connaître Byzance;

Et si le ciel se prête à mes efforts heureux,
De la Grèce oubliée enfant plus généreux,
Sur ses rives jadis si noblement fécondes,
Du Permesse égaré je ramène les ondes.
Pour la première fois de sa honte étonné,
Le farouche turban, jaloux et consterné,
D'un sérail oppresseur, noir séjour des alarmes,
Entendra nos accents et l'amour et vos charmes.
C'est là, non loin des flots dont l'amère rigueur
Osa ravir Sestos au nocturne nageur,
Qu'en des jardins chéris des eaux et du zéphyre,
Pour vous, rayonnant d'or, de jaspe, de porphyre,
Un temple par mes mains doit s'élever un jour.
Sous vos lois j'y rassemble une superbe cour
Où de tous les climats brillent toutes les belles :
Elles règnent sur tout et vous régnez sur elles.
Là des filles d'Indus l'essaim noble et pompeux,
Les vierges de Tamise, au cœur tendre, aux yeux bleus,
De Tibre et d'Éridan les flatteuses sirènes,
Et du blond Eurotas les touchantes Hélènes,
Et celles de Colchos, jeune et riche trésor,
Plus beau que la toison étincelante d'or,
Et celles qui, du Rhin l'ornement et la gloire,
Vont dans ses froids torrents baigner leurs pieds d'ivoire,
Toutes enfin, ce bord sera tout l'univers.
. . . .
. . . .
. . . .
L'amour croît par l'exemple, et vit d'illusions.

Belles, étudiez ces tendres fictions
Que les poètes saints, en leurs douces ivresses,
Inventent dans la joie aux bras de leurs maîtresses :
De tout aimable objet Jupiter enflammé,
Et le dieu des combats par Vénus désarmé,
Quand, la tête en son sein mollement étendue,
Aux lèvres de Vénus son âme est suspendue,
Et dans ses yeux divins oubliant les hasards,
Nourrit d'un long amour ses avides regards ;
Quels appas trop chéris mirent Pergame en cendre ;
Quelles trois déités un berger vit descendre,
Qui, pour briguer la pomme abandonnant les cieux,
De leurs charmes rivaux enivrèrent ses yeux ;
Et le sang d'Adonis, et la blanche hyacinthe
Dont la feuille respire une amoureuse plainte ;
Et la triste Syrinx aux mobiles roseaux,
Et Daphné de lauriers peuplant le bord des eaux ;
Herminie aux forêts révélant ses blessures ;
Les grottes, de Médor confidentes parjures ;
Et les ruses d'Armide, et l'amoureux repos
Où, sur des lits de fleurs, languissent les héros ;
Et le myrte vivant aux bocages d'Alcine.
Les Grâces dont les soins ont élevé Racine
Aiment à répéter ses écrits enchanteurs,
Tendres comme leurs yeux, doux comme leurs faveurs,
Belles, ces chants divins sont nés pour votre bouche.
La lyre de Le Brun, qui vous plaît et vous touche,
Tantôt de l'élégie exhale les soupirs,
Tantôt au lit d'amour éveille les plaisirs.

Suivez de sa Psyché la gloire et les alarmes ;
Elle-même voulut qu'il célébrât ses charmes,
Qu'Amour vînt pour l'entendre ; et dans ces chants heureux
Il la trouva plus belle et redoubla ses feux.
Mon berceau n'a point vu luire un même génie :
Ma Lycoris pourtant ne sera point bannie.
Comme eux, aux traits d'Amour j'abandonnai mon cœur,
Et mon vers a peut-être aussi quelque douceur.

LA SUPERSTITION

Il faut faire, et le plus tôt possible, un poème sur la superstition. Environ cent cinquante vers.

Notre siècle n'a pas tant à se glorifier... Il semble que tous les hommes soient destinés à être superstitieux... Chaque siècle l'est à sa manière... détailler cela... Il y a maintenant en Europe un germe de fanatisme... Dans les glaces du Nord des cerveaux brûlants... magnétisme... martinisme... Swedenboerg... Cagliostro...

Un mensonge vieillit, il devient ennuyeux ;
Il prend une autre forme et reparaît aux yeux.
Pensant le fuir, trompés à sa ruse infidèle,
Nous courons l'embrasser sous sa forme nouvelle.
Nous fuyons un prestige, une vaine fureur,
Non pour la vérité, mais pour une autre erreur.
. . . .
. . . .
J'aime à voir les humains, ces êtres glorieux
Nés pour lever la tête et regarder les cieux,

Dans la fange à plaisir courbant ce front superbe,
Marcher sur quatre pieds et braire et brouter l'herbe.

. . . .

Que le glaive des lois frappe le malfaiteur.
C'est à nous de punir le prophète menteur.
Voulant nous abuser, c'est nous seuls qu'il outrage.
Arabe vagabond, s'il ose, à chaque page,
Enfler de contes vains ses orgueilleux récits,
Et frapper sur l'épaule à des rois ses amis ;
S'il étale partout, dans sa plate éloquence,
Des temps, des lieux, des mœurs une absurde ignorance,
Aussitôt contre lui l'équitable raison
S'arme du ridicule et non de la prison.
Mais si l'on vient. . . . . avec scandale
L'immoler aux abois d'une plume vénale...

ALEXANDRE VI

. . . .
. . . .

Ses enfants ! Les chrétiens ne sont plus sa famille !
Quoi ! l'Église de Dieu n'est plus sa seule fille !...
Leur naissance est un crime et pour eux et pour lui.
Et quels enfants encore il avoue aujourd'hui !
L'une, à la fois, grand Dieu ! sa fille et sa maîtresse !
(O nom de la Pudeur ! ô saint nom de Lucrèce !)
Tous méchants comme lui, dignes de son amour.
Lui seul dans l'univers put leur donner le jour.
Ses fils, vraiment ses fils, lâche et coupable engeance,
A son école impie ont appris la vengeance,

L'imposture, la soif de l'or et des États,
L'art des poisons secrets et des assassinats.
Sa fille, à l'impudence en naissant élevée!
A ses époux mourants par son père enlevée!
A son frère, à son père indignement aimé,
Son sacrilège lit n'est pas même fermé.
Prêtre fornicateur, d'un inceste adultère
Le monstrueux mélange était fait pour lui plaire.
Des baisers de la fille, et des crimes des fils,
Ou le sceptre, ou la pourpre, ou la mitre est le prix.
Non, certes, l'Esprit-Saint, ennemi du parjure,
Ne saurait habiter cette poitrine impure.
Non, les anges du ciel n'approchèrent jamais
Ces lèvres, ni ces yeux affamés de forfaits.
O Christ! agneau sans tache, ô Dieu sauveur de l'homme!
Non, tu ne souris point sur les autels de Rome,
Lorsque parmi ses fils, ce pontife assassin,
Que sa fille impudique a tenu sur son sein,
Couvrant des trois bandeaux sa tête diffamée,
Ouvre, pour te louer, sa bouche envenimée;
Quand ses mains, de poisons artisans odieux,
Touchent ton corps sacré, nourriture des cieux;
Quand . . . .
Il tend sur les chrétiens sa droite incestueuse,
Et, pour bénir le peuple, ose de rang en rang,
Lever ses doigts souillés de crimes et de sang.

... Hommes saints, hommes dieux, exemples des Romains,
Divin Caton, Brutus, les plus grands des humains,

Pensiez-vous que jamais, plein d'orgueil et de gloire,
Au milieu des respects d'un stupide auditoire,
Dans un poudreux gymnase au mensonge immolé,
Un rhéteur imbécile et d'ignorance enflé,
Sur la foi d'un sophiste élève de Carthage,
Dût prouver que vos cœurs n'eurent qu'un vain courage
Et qu'une vertu vaine, et que ce prix si doux
De s'immoler pour elle était vain comme vous ?
Vous dévouer aux feux où le crime s'expie ;
Vous prodiguer les noms et de lâche et d'impie,
Pour n'avoir pas voulu montrer à l'univers
Aux pieds du crime heureux la vertu dans les fers ?

Oui, partout invoquant le sceptre ou la tiare,
Partout, de l'ignorance appui lâche et barbare,
Partout, d'un fer absurde armant ses viles mains,
Partout, au nom des dieux, écrasant les humains,
La stupidité règne, insolente, impunie,
Tourmente les talents, opprime le génie,
Punit la vérité du courageux affront
Qui, sous le diadème, a fait rougir son front.

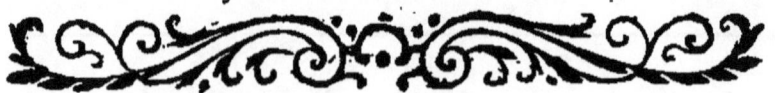

L'ASTRONOMIE

. . . .

Le poète enivré de ses jeunes fureurs,
Fuyant de l'envieux les bassesses obscures,
Se transporte en esprit dans les races futures,
Et, promenant ses pas sous le bois égarés,
Des poètes divins relit les vers sacrés.
Leurs triomphes n'ont point abattu son courage.
Il mesure leur vol qui plane d'âge en âge.
L'ardeur de suivre aussi cet illustre chemin
Soulève ses cheveux, aiguillonne sa main.
Il ferme le volume, il erre, il se tourmente;
Des vers tumultueux de sa bouche éloquente
Roulent. Seul avec lui, superbe et satisfait,
Il s'écoute chanter, se récite, se plaît.
Et puis quand de la nuit les heures pacifiques
Ont calmé de ses sens ces vagues poétiques,

Il reprend son travail. Consterné, furieux,
Il n'y voit que défauts qui lui choquent les yeux.
Il jure d'oublier sa fatale manie,
Les muses, ses projets. Mais bientôt son génie,
Prompt à se rallumer, en de nouveaux transports
S'élance, et se raidit à de nouveaux efforts.

Salut, ô belle nuit, étincelante et sombre,
Consacrée au repos. O silence de l'ombre,
Qui n'entends que la voix de mes vers, et les cris
De la rive aréneuse où se brise Téthys.
Muse, muse nocturne, apporte-moi ma lyre.
Comme un fier météore, en ton brûlant délire,
Lance-toi dans l'espace ; et pour franchir les airs,
Prends les ailes des vents, les ailes des éclairs,
Les bonds de la comète aux longs cheveux de flamme.
Mes vers impatients, élancés de mon âme,
Veulent parler aux dieux, et volent où reluit
L'enthousiasme errant, fils de la belle nuit.
Accours, grande nature, ô mère du génie ;
Accours, reine du monde, éternelle Uranie.
Soit que tes pas divins sur l'astre du lion
Ou sur les triples feux du superbe Orion
Marchent, ou soit qu'au loin, fugitive emportée,
Tu suives les détours de la voie argentée,
Soleils amoncelés dans le céleste azur,
Où le peuple a cru voir les traces d'un lait pur,
Descends ; non, porte-moi sur ta route brûlante,
Que je m'élève au ciel comme une flamme ardente.

Déjà ce corps pesant se détache de moi.
Adieu, tombeau de chair, je ne suis plus à toi.
Terre, fuis sous mes pas. L'éther où le ciel nage
M'aspire. Je parcours l'océan sans rivage.
Plus de nuit. Je n'ai plus d'un globe opaque et dur
Entre le jour et moi l'impénétrable mur.
Plus de nuit, et mon œil et se perd et se mêle
Dans les torrents profonds de lumière éternelle.
Me voici sur les feux que le langage humain
Nomme Cassiopée et l'Ourse et le Dauphin.
Maintenant la couronne autour de moi s'embrase.
Ici l'Aigle et le Cygne et la Lyre et Pégase.
Et voici que plus loin le Serpent tortueux
Noue autour de mes pas ses anneaux lumineux.
Féconde immensité, les esprits magnanimes
Aiment à se plonger dans tes vivants abîmes.
Abîmes de clartés, où, libre de ses fers,
L'homme siége au conseil qui créa l'univers;
Où l'âme, remontant à sa grande origine,
Sent qu'elle est une part de l'essence divine.

LA RECONNAISSANCE

Il pleurait, je pleurai. Non, ce n'est point en moi
Qu'habite l'homme dur, seul, tout entier à soi,
Dont l'œil n'a point de pleurs pour les maux de ses frères,
Qui, lorsque l'indigent, dans ses plaintes amères,
Vient répandre à ses pieds les larmes de la faim,
Ferme son cœur farouche et son avare main ;
Qui, dans ses longs projets où notre esprit s'élance,
N'a jamais envié la suprême puissance
Pour voir tous les humains l'aimer, bénir leur sort,
Descendant à pas lents du bonheur à la mort.

LA FRANCE LIBRE
1791.

Charron, qui fut un prêtre et connut la sagesse
Montesquieu, ce mortel qu'eût adoré la Grèce,
Et que, dans ce palais qui devrait l'écouter
Un sot en écarlate a le front d'insulter ?...
. . . .
Pour son roi, pour son père, il vient te reconnaître.
Si dans un rang obscur le destin t'eût fait naître,
Homme bon, vertueux, c'est toi, c'est encor toi
Que la France équitable aurait choisi pour roi.
O jour! s'écriront-ils, jour grand et précieux,
Jour sacré, le plus beau qu'aient fait luire les cieux,
Quand le roi citoyen, l'idole de la France,
Vit chaque citoyen de son empire immense
Lui jurer d'être libre et fidèle à la loi,
Fidèle à sa patrie et fidèle à son roi!

Roi, l'amour des Français, l'honneur du diadème !
Compagne de sa gloire et de son rang suprême,
Reine, couple chéri, contemplez vos bienfaits :
Par vous la liberté naît au sein de la paix !
Vous ne voulez de nœuds, entre vous et la France,
Que d'amour, de respect, de foi, de confiance !
Contemplez vos bienfaits, et qu'en un long oubli
Tout sujet de douleur demeure enseveli.
Toujours sur son berceau qu'anime un grand courage,
La liberté naissante élève quelque orage,
Et le peuple, agité dans ses fougueux efforts,
Souvent à quelque excès égare ses transports ;
Mais la concorde enfin, et l'ordre, et l'harmonie,
Amènent près de vous la France réunie ;
Et le calme et la paix sont préparés pour vous,
Dans le port que vos mains ont ouvert devant nous.

LES CYCLOPES LITTÉRAIRES

CHANT PREMIER

Ce n'est plus un sommet serein, couvert de fleurs,
Qu'habitent aujourd'hui les poétiques sœurs;
C'est l'antre de Lemnos, sombre et sinistre asile,
Où vingt Cyclopes noirs et d'envie et de bile,
Prompts à souffler des feux par la haine allumés,
Trempent aux eaux du Styx leurs traits envenimés;
Et d'outrage, de fiel, de calomnie amère,
Forgent sous le marteau l'Iambe sanguinaire.

Toi donc, ô dieu des vers, qui nourris de tes eaux
Ton interprète heureux, le sage Despréaux,
Et Voltaire, et Corneille, et l'âme de Racine,
Et Malherbe, et Lebrun à la lyre divine,

Et ce rêveur charmant chez qui, jusqu'aux poissons,
Tout parle, tout, pour l'homme, a d'utiles leçons;
Et deux ou trois encor, honneur de ton empire,
Que la France a vus naître et que l'Europe admire,
Donne-moi de pouvoir sous leurs riches palmiers
Faire germer aussi mes timides lauriers!
Donne-moi, d'un poète, esprit, gloire, génie,
Tout, excepté pourtant l'enfantine manie
De tel, qui, possédé de son docte travers,
Inepte et bête à tout ce qui n'est pas des vers,
Ridicule jouet d'une verve inquiète,
A toute heure est poète et n'est rien que poète.
. . . .
. . . .
. . . .

Pour tout esprit bien fait les lettres ont des charmes.
A ce penchant si doux on voudrait obéir;
Les lettrés ont pris soin de les faire haïr,
Elles n'ont point ici d'ennemis plus contraires
Que ces brigands pompeux, ministres littéraires,
Dont la ligue, formée en corps tumultueux,
Repousse l'homme simple, et droit, et vertueux.
Ah! de quelque laurier que leur main nous honore,
Il faut les bien aimer pour les aimer encore,
Quand d'un œil studieux on a vu tour à tour
Quels indignes humains commandent dans leur cour.

Mais il fait beau les voir s'écriant tous ensemble,
Tels qu'en un carrefour où la meute s'assemble,

Des dogues, l'œil ardent et luttant à grands cris,
D'un festin nuptial s'arrachant les débris;
D'une triste assemblée, immolée à leurs veilles,
Se disputer entre eux les yeux et les oreilles.
L'un au loin dans Strabon voyage et s'applaudit;
L'autre un calcul en main l'arrête et l'interdit;
Mais l'autre au milieu d'eux, toujours, toujours poète,
Improvise, extravague, embouche la trompette,
Répond en hémistiche et cite de grands mots
Qu'au théâtre le soir mugit quelque héros.

. . . .
. . . .

De la société tyrans présomptueux;
Haïssant, dédaignant tout ce qui n'est pas eux,
Chacun, dans son esprit, se couronnant d'avance,
Épouse avidement un art, une science,
Ne voit, ne connaît qu'elle, et la tient dans ses bras,
Et répudie au loin tout ce qu'il ne sait pas.
La prose humble et tremblante, à l'orateur laissée,
N'est au rimeur altier qu'un objet de risée.
Mais tous deux ils font voir par preuves et bons mots
Que de parler suffit, et qu'il n'est que des sots
Qui jusques à Newton puissent vouloir descendre,
Ou des siècles éteints ressusciter la cendre.
Lors un pédant, armé de vers grecs et romains,
Nous dit, non en français, que nos efforts sont vains;
Que la mémoire est tout; qu'il ne faut plus écrire
Rien qu'autrefois Auguste ou Platon n'ait dû lire;
Mais un chiffreur pensif, de tels discours blessé,

Lève un front triste et sec d'algèbre hérissé,
Il calcule, et conclut que, de ces mots profanes,
Il résulte que Grecs et Romains sont des ânes;
Mesure en quel rapport Homère, près de lui,
N'est qu'un rêveur pétri de sottise et d'ennui,
Et ne sait pas (hélas! il s'ignore lui-même)
Qu'on peut être aussi sot à résoudre un problème
Qu'à rimer un chef-d'œuvre au journal admiré,
Ou rétablir dans Pline un mot défiguré.
Tout blesse leur oreille active et soupçonneuse;
Leur vanité colère, inquiète, épineuse,
Veille autour d'eux, et va, sans choix et sans raison,
Distillant au hasard le miel ou le poison.
Leur vie est un amas d'amitiés incertaines,
De riens sonnés bien haut, de scandaleuses haines.
Ils les prêchent au monde, ils en parlent aux rois.
Pour eux la renommée a trop peu de cent voix.
De leurs moindres pensers, qu'ils aiment, qu'ils haïssent,
Il faut que les marchés, que les toits retentissent.
Vains amis d'un moment, ennemis imprévus;
Sages en cela seul que, d'eux-mêmes connus,
De leur propre suffrage ils ne tiennent nul compte.
D'affronts capricieux ils accablent sans honte.
Ceux même qu'autrefois d'éloges ampoulés
Sans honte et sans scrupule ils avaient accablés.
. . . .
. . . .
Admirer le premier, et sur l'autre, en silence,
Fermer l'œil de la sage et bénigne indulgence.

En effet, plat orgueil, folle prétention,
Puériles détours de leur ambition
Que l'éloge d'un autre assassine et déchire.
Leur mérite se plaît et se choie et s'admire,
. . . .
. . . .
Du seul nom de rival leur gloire est alarmée.
Tout succès est un vol fait à leur renommée.
Envieux et jaloux même dans l'avenir,
Des beaux-arts, pour eux seuls, la route a dû s'ouvrir.
Tout ce qu'ils n'ont point fait, ce qu'un autre peut faire,
Ce que des jours humains la rapide carrière
Ne leur a point permis eux-mêmes de tenter,
Ils s'indignent qu'un autre ose l'exécuter.
Ils voudraient, après eux, seuls remplir la mémoire;
Éteindre en expirant le germe de la gloire;
Emporter avec eux arts, muses et lauriers,
Comme au jour de leur mort, cadavres meurtriers,
Des monarques d'Asie, en leurs tombes jalouses,
Entraînent avec eux tout leur peuple d'épouses,
De peur qu'un autre hymen, prompt à les engager,
Les fît mères encore en un lit étranger.
Ainsi, tel qui, souvent aveugle à se connaître,
D'injustice envers lui nous accuse peut-être,
Vit et meurt justement à lui-même réduit,
Seul, loin du monde entier qui le loue et le fuit.
C'est se faire à soi-même un bien cruel martyre!
Leur cœur, leur intérêt ne pourraient-ils leur dire
Qu'il est bon de savoir, par d'illustres écrits,

Disputer dans les arts et remporter des prix,
Mais qu'il faudrait encor s'appliquer à bien vivre ;
Être grand dans son âme et non pas dans son livre ;
D'une égale amitié savoir chérir les nœuds ;
Laisser à ses amis, en mourant auprès d'eux,
Par de douces vertus, meilleures que la gloire,
Les larmes, les regrets d'une longue mémoire ?
Ah ! j'atteste les cieux que j'ai voulu le croire ;
J'ai voulu démentir et mes yeux et l'histoire.
Mais non ! Il n'est pas vrai que des cœurs excellents
Soient les seuls, en effet, où germent les talents.
Un mortel peut toucher une lyre sublime,
Et n'avoir qu'un cœur faible, étroit, pusillanime ;
Inhabile aux vertus qu'il sait si bien chanter,
Ne les imiter point et les faire imiter.
Se louant dans autrui, tout poète le nomme
Le premier des mortels, un héros, un grand homme.
On prodigue aux talents ce qu'on doit aux vertus.
Mais ces titres pompeux ne m'abuseront plus.
Son génie est fécond, il pénètre, il enflamme,
D'accord. Sa voix émeut, ses chants élèvent l'âme,
Soit. C'est beaucoup, sans doute, et ce n'est point assez.
Sait-il voir ses talents par d'autres effacés ?
Est-il fort à se vaincre, à pardonner l'offense ?
Aux sages méconnus qu'opprime l'ignorance,
Prête-t-il de sa voix le courageux appui ?
Vrai, constant, toujours juste, et même contre lui,
Homme droit, ami sûr, doux, modeste, sincère,
Ne verra-t-on jamais l'espoir d'un beau salaire,

Les caresses des grands, l'or, ni l'adversité
Abaisser de son cœur l'indomptable fierté ?
Il est grand homme alors. Mais nous, peuple inutile,
Grands hommes pour savoir avec un art facile,
Des syllabes, des mots, arbitres souverains,
En un sonore amas de vers alexandrins,
Des rimes aux deux voix, famille ingénieuse,
Promener deux à deux la file harmonieuse !...

CHANT DEUXIÈME

D'imbéciles valets, *peuple singe du maître,*
L'amènent en riant dès qu'il vient à paraître.
Des plus larges festins dévastateur ardent,
Il s'assied, et le vin au délire impudent
Lui dicte un long amas d'équivoques obscènes ;
Puis, d'un proverbe impur ajustant quelques scènes,
Il court, saute, s'agite, en son accès bouffon,
Mieux que n'eût fait un singe élève du bâton ;
Mais désormais à peine il suffit à sa gloire,
On se l'arrache, il court de victoire en victoire.
Chacun de ses refrains fait des recueils fort beaux ;
Il attache une tête aux bouts rimés nouveaux,

Aux droits litigieux de plusieurs synonymes
Il sait même assigner leurs bornes légitimes.
Bientôt chez tous les sots on sait de toute part
Jusqu'où vont ses talents; que lui seul avec art
Noue une obscure énigme au regard louche et fade;
Hache et disloque un mot en absurde charade;
Construit, tordant les mots vers un sens gauche et lourd
Le Janus à deux fronts, l'hébété calembour.

Il prédit un chef-d'œuvre. En huit jours il entasse
De songes monstrueux une effroyable masse;
De grands mots l'un à l'autre unis avec horreur;
Et d'un vers forcené la sauvage fureur;
Partout, comme au théâtre Oreste parricide,
Il tourne sous le fouet de l'ardente Euménide;
Comme Penthée, il voit le sinistre appareil,
Et d'une double Thèbe et d'un double soleil.
Il ne tient pas à lui, dans ses barbares veilles,
Que, de peur de l'ouïr se bouchant les oreilles,
Phœbus n'aille bien loin, nous quittant pour jamais,
Oublier de parler la langue des Français.
Et déjà sur sa foi se fatiguant d'avance,
La renommée annonce un prodige à la France,
Et nous fait, par ses cris, à l'attendre venir,
Perdre haleine et sécher d'un curieux désir.
Au silence bientôt il saura la réduire.
Son livre avec orgueil au jour vient se produire :
Tout se tait. Son grand nom soudain est effacé.
Dans son style âpre et lourd, de ronces hérissé,

Il roule tout fangeux, il s'agite, il se traîne.
Je le quitte vingt fois; je le reprends à peine.
Et j'admire et je ris, si d'un tour plus heureux
Parmi tout ce chaos surnage un vers ou deux;
Et nous en rions tous. Et lui-même, peut-être,
Rit d'un siècle ignorant qui peut le méconnaître.
Ah! le sage craintif, que l'avenir attend,
Est de ses grands succès moins sûr et moins content.
Sa retraite longtemps le voit dans le silence,
A bien faire, épuiser sa docte vigilance.
Tout roseau, tout caillou, tout chaume est écarté
Qui troublerait un peu le cristal argenté
De son style riant de grâce et de nature,
Doux, liquide, et semblable à l'onde la plus pure.
Il amollit ce mot qui devenait trop dur;
Il éclaircit la nuit de ce passage obscur.
Ce vers faible chancelle, il accourt, il l'étaie;
Il voit tout son poème. Il le tâte, il l'essaie,
S'il est sévère et doux; s'il n'y faut rien changer;
S'il coule sur un fil délicat et léger.
A force d'effacer et d'effacer encore,
D'avoir en travaillant joint le soir à l'aurore,
Quand son ouvrage mûr sans broncher, sans périr,
Sur un pied ferme et droit peut enfin se tenir,
Il tente le hasard, et sa modeste plume
Laisse échapper au jour un timide volume.
Alors un juge expert, dans un prudent écrit
Que le jour, la semaine ou le mois a produit,
S'assied, prend sa balance inflexible et subtile :

Nous pensons, nous croyons. — Juge vain et débile,
Si votre cœur s'embrase au vrai souffle des arts,
Eh bien ! que tardez-vous d'offrir à nos regards,
Dans quelque noble essai, leur empreinte suprême ?
Nul n'est juge des arts que l'artiste lui-même.
L'étranger n'entre point dans leurs secrets jaloux.
Sur un art qui vous fuit et se cache de vous,
De quel droit *pensez-vous, croyez-vous* quelque chose ?
Le sourd va-t-il à Naple, aux chants du Cimarose,
Marquer d'un doigt savant la mesure et le ton ?
L'aveugle, se fiant aux pas de son bâton,
Dans les temples de Rome, au palais de Florence,
Vient-il trouver cent fois, contempler en silence
La toile où Raphaël, ivre d'âme et de feu,
A fait sur le Thabor étinceler un Dieu ?
Celle où du Titien la main suave et fine
A fait couler le sang sous une peau divine ?

Certes, pour un auteur, c'est un fardeau bien lourd,
Que d'avoir à souffrir un juge aveugle et sourd,
Son ignare gaîté, ses ineptes censures,
Ses éloges honteux, pires que ses injures.
Que dis-je ? il voit partout lui fondre sur les bras
Mille ennemis nouveaux qu'il ne connaissait pas :
Des tartufes haineux que sa liberté blesse ;
Des grands seigneurs altiers, leurs valets, leur maîtresse,
Tel corps obscur et vain qu'il n'aura point vanté ;
Maint sourcilleux auteur qu'il n'aura point cité ;
Et l'exil, les douleurs, les mépris, l'indigence ;

Et d'un plat Cicéron l'outrageuse éloquence,
Calomniateur grave, oracle du palais,
D'embonpoint et d'hermine et d'ignorance épais.
Voilà ce que l'on trouve où l'on cherche la gloire.
Tels sont les doux sentiers du temple de mémoire.
Mais encore est-ce tout ? N'a-t-il pas quelque appui
Qui soutienne ses pas et marche devant lui ?
Des appuis !... En est-il qui s'offrent au mérite ?
Il se tait, il se cache, il est seul dans sa fuite.
Ou bien pour compagnons il a quelques amis
Comme lui studieux, doux, modestes, soumis.
La médiocrité souple, adroite et subtile,
Va sous des bras puissants se chercher un asile,
Les encense, leur plaît, les dispose à loisir.
Eux qui pensent bien faire, ivres d'un sot plaisir,
Pour tuer le bon grain que leur présence effraie,
Prêtent partout un aide à la stérile ivraie.
Ils aiment tous les arts ; ils en font leur étude.
Trois heures chaque jour laissés en solitude,
Ils pensent. D'un système ils dictent des leçons ;
Ils font de grands discours, de petites chansons ;
Ils attendent l'instant qu'une illustre couronne
Doit les asseoir au Louvre au quarantième trône.
Et quand ils dormiront d'un sommeil éternel,
Leur successeur viendra, dans un jour solennel,
Pleurer un si grand homme aux arts si favorable ;
Perte, hélas ! qui sans lui serait irréparable.
Que s'ils n'égalent point ces hommes excellents
Qui font métier de l'art, professeurs des talents...

— Qui font métier de l'art! Oui, le génie en France
Est un poste, une charge, un bureau de finance
Certes, je le veux croire; et je vois que le roi
Ne les a point nommés à ce sublime emploi.
Ils ne professent point les arts ni le génie.
De rimer, de penser, leur inepte manie,
Soit ignorance entière ou soit zèle pour eux,
Les fait du premier sot admirateurs pompeux.
Que de vrais fils du ciel, s'offrant à la lumière,
Viennent, sans y songer, les rendre à leur poussière,
Soudain le trouble est mis dans leurs petits travaux,
Leur insolent orgueil les regarde en rivaux.
Bientôt sots protecteurs vont semer les alarmes;
Courent, volent partout; partout lèvent les armes;
Pour leurs chefs idiots criant, prêchant, plaidant;
Outrés contre un esprit sublime, indépendant,
Qui sous leurs plats regards a refusé de naître;
Qu'eux-mêmes prôneraient s'il daignait les connaître,
Mais qui, d'un juste orgueil armant son noble front,
De leur appui burlesque a rejeté l'affront.
Ah! je plains bien les arts quand un sot qui les aime
Ose les protéger, les cultiver lui-même;
Et que pour ennemis ils ont de sots auteurs,
Et de sots protecteurs et de sots amateurs!
. . . .
Sans doute j'aimerais, puisque tels sont leurs vœux,
Que, de leurs beaux talents noblement amoureux,
D'une main clairvoyante, aux poètes sublimes,
Les grands sussent offrir des faveurs magnanimes.

J'aimerais mieux qu'en eux bornant tous leurs désirs,
Trouvant en eux leur prix, leur gloire, leurs plaisirs,
Les talents plus altiers n'eussent d'autre pensée,
Que de suivre à grands pas leur route commencée,
Sans jamais s'informer, mendiant leurs regards,
S'il est des grands au monde ou s'ils aiment les arts.
Car, au moins, plût au ciel que des sots sans génie,
Seuls, eussent fait des arts l'injuste ignominie !
Mais si de grands esprits, par des travers grossiers,
Presque au niveau des sots s'abaissent les premiers ;
Si l'on voit des mortels longtemps simples, modestes,
Étaler en un jour des changements funestes ;
Chez un roi, chez un prince en un jour installés,
Soudain ouvrir leurs cœurs si longtemps recélés ;
Leur front, de ses bontés que leur génie encense,
Emprunter une abjecte et risible insolence ;
Méconnaître, du sein de ces brillants tréteaux
Où l'étalent aux yeux ses Mécènes nouveaux,
Des amis dont jadis la tendresse empressée
A consolé longtemps sa muse délaissée,
On peut juger très mal et de prose et de vers ;
Mais l'honnête homme est juste, il voit tous ces travers :
De tes décisions l'arrogant laconisme,
Tes éclats ricaneurs, appuis d'un froid sophisme ;
D'un silence affecté l'importante hauteur,
A quelque ouvrage lu par un confrère auteur ;
Une froideur haineuse en tes regards écrite ;
D'un éloge fardé la contrainte hypocrite.
Et si, du moins, encor des juges délicats,

En méprisant ton cœur dont tu fais peu de cas,
Admiraient, comme toi, tes talents, ton ouvrage,
Tu souscrirais sans peine à cet heureux partage.
Mais peu savent assez distinguer leurs mépris,
Et n'y point avec toi confondre tes écrits ;
Et ne point mesurer par toi, par ta faiblesse,
De tes productions la force et la noblesse.
Peu savent en deux parts diviser l'écrivain :
Grand et sublime auteur, homme petit et vain.

CHANT TROISIÈME

LA RÉPUBLIQUE DES LETTRES

Il n'est que d'être roi pour être heureux au monde.
Bénis soient tes décrets, ô sagesse profonde !
Qui me voulus heureux, et, prodigue envers moi,
M'as fait dans mon asile et mon maître et mon roi.
Mon Louvre est sous le toit, sur ma tête il s'abaisse,
De ses premiers regards l'orient le caresse.
Lit, sièges, table y sont portant de toutes parts
Livres, dessins, crayons, confusément épars.
Là, je dors, chante, lis, pleure, étudie et pense.
Là, dans un calme pur, je médite en silence

Ce qu'un jour je veux être ; et, seul à m'applaudir,
Je sème la moisson que je veux recueillir.
Là, je reviens toujours, et toujours les mains pleines,
Amasser le butin de mes courses lointaines :
Soit qu'en un livre antique à loisir engagé,
Dans ses doctes feuillets j'aie au loin voyagé ;
Soit plutôt que, passant et vallons et rivières,
J'aie au loin parcouru les terres étrangères.
D'un vaste champ de fleurs je tire un peu de miel.
Tout m'enrichit et tout m'appelle ; et, chaque ciel
M'offrant quelque dépouille utile et précieuse,
Je remplis lentement ma ruche industrieuse.
Une pauvreté mâle est mon unique bien.
Je ne suis rien, n'ai rien, n'attends rien, ne veux rien.
Quel prince est libéral, et quel est méchant homme,
Est un soin qui jamais ne troublera mon somme.

Les éloges pompeux d'hyperbole échauffés ;
Les bâillements muets en silence étouffés ;
L'orgueil distrait et morne et l'oblique satire
A la louange amère, au perfide sourire ;
L'ignorance capable au ton grave et prudent ;
L'envie à l'œil pervers, qui, d'une noire dent,
Se mord, en écoutant, sa lèvre empoisonnée ;
L'engoûment aux gros yeux, à la bouche étonnée ;
Puis, bel esprit nouveau, cent beaux esprits soudain
Vous tâteront le flanc, l'épigramme à la main.
Je ne suis point armé ; je présente l'olive :
La paix, messieurs, la paix ; je crains et je m'esquive,

Dès que sur un visage éclatent à mes yeux,
D'un nez railleur et fin les plis malicieux.

Rien n'égale la morgue d'un homme revêtu de quelque magistrature littéraire.

Quoique souvent, hélas! à ses tristes enfants,
Il ait, comme Priam, survécu trop longtemps ;
Que ses yeux tout en pleurs aient, devers l'ombre noire,
Vu passer dès longtemps le convoi de sa gloire ;
Que, son obscurité le cachant aux affronts,
Lui seul de ses écrits ait retenu les noms.
. . . .
. . . .
Loke, Hume, Shaft'sbury, ni Pope, ni Rousseau,
Platon que pas à pas Cicéron accompagne,
Le vertueux Charron, ni le sage Montagne,
N'ont point connu d'Alcide assez grand, assez fort,
. . . .
. . . .
Car les auteurs fameux, d'envie inquiétés,
Ne se livrent point tous à ce plaisant délire
D'orgueil colère et franc dont l'excès nous fait rire.
Il en est, et plus d'un, qui, craignant les mépris,
Met à nuire tout l'art qu'il met dans ses écrits ;
S'observe, écoute, voit, jamais ne se déchaîne ;
Ménage son honneur et satisfait sa haine ;
Qui, de tout sot vénal industrieux ami,
Et de tout noble esprit soupçonneux ennemi,
Jaloux de régner seul, tremblant pour sa couronne,

Vrai sultan, ne veut point de frère auprès du trône ;
Sous vos pas, en riant, sème un piège inconnu ;
Tue et ne s'arme point, frappe sans être vu ;
Et, dans ses vils succès d'hypocrite vengeance,
Vous plaint tout haut du mal qu'il vous fait en silence.
. . . .
. . . .
Mais d'envie et de fiel si ses vers sont livides,
Mais s'il vend sans pudeur aux tyrans homicides,
Lui, sa dignité d'homme, et le sort des humains,
Son livre pour jamais est tombé de mes mains.
D'un style ingénieux que sa fertile adresse
Répande autour de lui la grâce enchanteresse,
Ce fleuve pur et clair décèle et trahit mieux
Un fond noir de poisons qui repousse les yeux.
. . . .
. . . .
. . . .
. . . . la raison à nos yeux
Montrant la vérité, mais comme dans un songe,
Nous réveille asservis sous les nœuds du mensonge.
Qu'elle nous laisse au moins, sans fiel et sans aigreur,
Nous chatouiller en paix d'une flatteuse erreur,
Puisqu'en nous prescrivant ce que nous devons faire,
Elle ne donne point, impuissante et sévère,
La force d'obéir à ses pénibles lois.
La folie a du bon. Dans Athène, autrefois,
Certain fou, chaque jour, descendait au Pyrée ;
Nul vaisseau, dans le port, ne faisant son entrée,

Qu'il ne s'en crût le maître ; et, rendant grâce aux cieux,
Il allait, il courait. « Ah ! c'est toi ? Par les Dieux,
Je n'espérais plus voir ta poupe couronnée.
Quoi ! les blés en Égypte ont manqué cette année ?
Vins de Crète ? fort bien. C'est de l'argent comptant.
Bon ! mes draps de Milet sont beaux. J'en suis content.
Oh ! si l'on me reprend sur ces mers de Sicile !...
Çà, je ne garde plus ce pilote inhabile. »
Ses amis, effrayés d'un mal aussi nouveau,
Épuisent Anticyre à purger son cerveau.
Plein enfin d'ellébore, et redevenu sage,
Il pleure : « O mes amis ! vantez bien votre ouvrage,
Dit-il, vous me tuez. Votre art empoisonneur
Guérissant ma folie, a détruit mon bonheur. »

. . . .
. . . .
. . . . , ...
. . . .

Est-ce la main d'Achille ou celle de Thersite
Qui, du sage Centaure exerçant les leçons,
D'Orphée aux Grecs oisifs fait entendre les sons ?
Phœbus près d'Alexandre a respiré la guerre ;
César peut négliger le sceptre de la terre,
Au trône des talents sans crime il sera roi.
Aux Gaulois belliqueux les muses font la loi.
Par l'espoir de leurs chants Athène est transportée.
Sparte suit aux combats la lyre de Tyrtée.
Eschyle, dans le sein de son docte repos,
Entend frémir Bellone et le cri des héros,

Il part; et quand Neptune a chassé. . . . .
Ces flots de bataillons que vomissait l'Euphrate,
Toujours de gloire avide et d'honneur amoureux,
Il vole, il offre aux Grecs, que rassemblent leurs jeux
Sa jeune Melpomène éclatante de charmes.
Elle pleure; on admire, et la Grèce est en larmes;
Et sur ce front blanchi sous les casques guerriers,
De la docte victoire attache les lauriers.
Les tyrans sont vainqueurs; leur audace hautaine
Va, sous des jougs de fer, accabler Mitylène :
Que fais-tu, fier Alcée ? Elle attend ton secours.
Il a vu sa détresse; il quitte ses amours,
Ses muses et ses bois et ses fraîches naïades;
Son bras secoue au loin le thyrse des Ménades;
Le bouclier, l'épée, et la lance et le dard,
Éclatent dans ses mains et servent d'étendard.
Déjà tout est vaincu; déjà la tyrannie
Sous un glaive pieux meurt honteuse et punie.
Tout trempé de sueurs et tout poudreux encor,
Couvert de son armure, il prend sa lyre d'or :
Il dit ces fiers Titans, leurs fureurs orgueilleuses,
Les meurtres, le carnage et les morts glorieuses;
Aux citoyens tombés les justes cieux ouverts,
Et l'ardent Phlégéton dévorant les pervers;
Et l'avenir fameux promis à la vaillance.
On se presse, on accourt. Tout Lesbos, en silence,
Admire son génie égal à sa vertu,
Et l'écoute chanter comme il a combattu.

Un jeune poète soi-disant.

. . . .
D'abord d'un pied timide il tente le chemin.
Un petit cercle ami déjà lui tend la main.
Il badine, et l'on rit; il disserte, il censure;
Son nom sous un quatrain brille dans le *Mercure;*
Dès lors il est poète, et comme tel cité,
Et bientôt, comme tel, en tous lieux présenté.
Il se vante, on le berne; il se plaît à son rôle;
Il se dit un grand homme, on en croit sa parole;
On protège sa pièce, on y bâille, on y dort;
On court à sa rencontre au moment qu'il en sort;
On l'embrasse. A souper retenu dès la veille,
Ses couplets impromptus au dessert font merveille.
Tous, même avant qu'il parle, admirent chaque mot;
Et tous, en l'admirant, savent qu'il n'est qu'un sot.
D'un épais Turcaret la vanité stupide
Au Phœbus affamé vend un appui sordide,
Digne et sot protecteur d'un plus sot protégé.
De là, plus d'un faquin en Mécène érigé;
Et tant de vils rimeurs, tant de fades grimaces;
Tant d'ineptes écrits, lettres, vers ou préfaces,
Dégoûtant par leur style et par leurs lâchetés,
Jusques aux plats Midas qui les ont achetés.
Ah! ce manège obscur aux palmes poétiques
Ne guida point les pas de nos maîtres antiques.

. . . .
. . . .
Dans les bras d'Apollon leur naissance accueillie
Avait été trempée aux eaux de Castalie.
. . . .
Les abeilles d'Attique, épiant leur sommeil,
Avaient, en flots de miel sur leur bouche docile,
Fait couler une voix et suave et facile.
. . . .
. . . .
. . . .
Et d'un vol généreux se fiaient à leurs ailes.

Ils ne furent point vus, clients ambitieux,
Assiéger dès l'aurore un seuil impérieux,
Et des tristes fadeurs d'un hommage servile
Fatiguer les dédains d'un satrape imbécile.
Ils n'allèrent jamais chez un riche hébété
Avilir des talents l'auguste dignité,
Rendre une humble visite à sa table opulente,
Flatter de ses Laïs la bêtise insolente,
Caresser ses discours d'un œil approbateur,
Et vendre à ses bons mots un sourire menteur.
Même à la cour des rois, peu soucieux du trône,
Le vieillard de Téos de roses se couronne ;
Toujours amant, toujours des grâces entouré,
Et de vin, et de joie, et d'amour enivré,
Porte après le banquet, voluptueux Socrate,
Un front riant et libre aux jeux de Polycrate.

A Rome, il est trop vrai, de sublimes talents
Au second des Césars prodiguèrent l'encens;
Mais Auguste à leurs yeux fit oublier Octave.
Tous furent ses amis, nul ne fut son esclave.
Horace près de lui d'un emploi fructueux
Sut refuser la pompe et le joug fastueux;
Virgile sans regret, loin des palais du Tibre,
Se choisit, près de Naple, une retraite libre.
Beaux lieux! que de ses feux encor dissimulés
Le Vésuve en fureur n'avait point désolés!
Mais attachés aux grands par un lien crédule,
Combien tous deux, pourtant, sont loin de mon Tibulle!
Il ignore les cours; l'amour et l'amitié
De son cœur, de ses vers, occupent la moitié.
Messala, Némésis et Néère, et Délie,
Sont les rois, sont les dieux qui gouvernent sa vie.
Riche, il jouit sans faste, et non pour éblouir;
De la pauvreté même il sait encor jouir.
Sans regretter cet or, ni ces vastes richesses,
Ni de ces longs arpents les fécondes largesses,
Auprès de son foyer la molle oisiveté
Endort dans les plaisirs sa douce pauvreté.
Vrai sage, non, jamais tu n'as pu te résoudre
D'aller au Capitole et d'adorer la foudre.
Les césars, ni les dieux n'ont de foudre pour toi.
Sur un lit amoureux, doux témoin de ta foi,
Tu te ris de l'orage et des vents en furie,

Et presses sur ton sein le sein de ton amie.
Seule, de ta carrière elle embellit le cours;
Son souvenir, loin d'elle, a soutenu tes jours;
Elle-même fila de sa main fortunée
Cette trame si belle et sitôt terminée;
Elle sut, quand la mort te frappait de ses traits,
Sous d'amoureuses fleurs déguiser tes cyprès;
Ses baisers suspendaient ton âme chancelante,
Et tu tenais sa main de ta main défaillante.
Hélas! qu'ainsi ne puis-je obtenir du destin
A cette douce vie une si douce fin!

Toi, que le Pinde admire, et que Sulmo vit naître
Des leçons de Paphos et l'exemple et le maître,
Quand aux glaces du Pont il éteint ton flambeau.
Oses-tu sur l'autel élever ton bourreau?
Tes muses à genoux vont t'avouer coupable;
Elles vont, caressant sa main inexorable,
Trahir ton innocence, et ta gloire, et l'honneur.
Ces Scythes qui t'aimaient, qui plaignaient ton malheur,
A recevoir son joug c'est toi qui les prépares.
Ta lyre apprend les sons de leurs lyres barbares;
Et, d'un vers étranger au Parnasse romain,
Consacre ta bassesse aux rives de l'Euxin!
Vois Gallus, de la cour comme toi la victime,
Préférer à l'opprobre une mort magnanime.
Vois Catulle, de fiel abreuvant ses pinceaux,
Défier de César la haine et les faisceaux.
Plus qu'eux tous outragé, ton courroux dissimule.

Tu peux contre un tyran armer le ridicule ;
Ou du fier Archiloque exhaler les fureurs,
Et teindre de son sang tes ïambes vengeurs ;
Non, sans pouvoir t'atteindre, il te glace de crainte.
Tu le hais ; et ta haine est bornée à la plainte.
Tu pleures, sans savoir, trop digne de ton sort,
Souffrir, ou te venger, ou te donner la mort !...
Oui, te venger. Je sais que nul ne peut, sans crime,
Braver les justes lois d'un pouvoir légitime ;
Non ; mais il ne faut pas qu'un injuste oppresseur,
Qu'éleva sous le dais le meurtre et la noirceur,
Puisse à son gré lancer ou l'exil ou les chaînes ;
Du nom sacré des mœurs autoriser ses haines ;
Flétrir la probité, les grâces, les talents ;
D'un faible infortuné proscrire les vieux ans ;
Savourer ses douleurs, ses craintes, son silence,
Et se rire à loisir de sa lâche innocence.
Qui que tu sois, mortel pour l'Olympe formé,
Et d'un rayon plus pur en naissant animé,
Souviens-toi qu'un cœur libre est l'ami de la gloire.
La tache d'un opprobre obscurcit sa mémoire.
Aux pieds de la fortune et de ses fiers époux
Avilir ses exploits, c'est les effacer tous.
Respecte la vertu, les lois, le diadème ;
Mais sache aussi toujours te respecter toi-même.
Du vulgaire surtout dédaigne la faveur.
Il traite de folie une mâle vigueur.
Hibou nocturne, il fuit l'aigle et son vol céleste ;
Tant d'éclat l'importune ; il envie, il déteste,

Et feint de mépriser de sublimes esprits,
Dont il voit que lui-même excite les mépris.
Il adore des dieux dont leur fierté se joue;
Ils ont fui des écueils où toujours il échoue;
Il hait de son naufrage un grand homme sauvé,
Trop au-dessus de lui par la gloire élevé.

« Pourquoi, disait le chêne, à mon large feuillage
Imprimer de ta dent le lent et faible outrage!
Insecte ridicule. Eh! dis-moi, songes-tu
Que d'un souffle tu meurs, à mes pieds abattu?
— Oui, dit en écumant la chenille rampante,
Oui; mais à t'insulter ma haine se contente;
Ta gloire me déplaît. Ton front impérieux
Méprise ma bassesse, et mon œil envieux;
Et je voudrais pouvoir, à force de morsures,
Venger de ce mépris les sanglantes injures. »

Ce n'est pas que, souvent à l'éloge réduit,
Le peuple ne leur porte un hommage séduit.
. . . .
Le fourbe, l'imposteur, l'ambitieux, l'avare
Quelquefois devient juste, et se plaît à vanter
Cette même vertu qu'il prit soin d'éviter.
Il conte à sa famille, au banquet réunie,
Des sages, des héros, et la mort et la vie;
Aristide, et son nom, et sa noble candeur;
Socrate, et la ciguë; et, le vil délateur,

Au nom de ces Romains, fiers de leur indigence,
Libres de l'or des rois, riches de tempérance,
Il s'écrie, il se plaint qu'à nos jours ténébreux
N'ont point lui de ces temps les astres généreux.
Cependant il intrigue, et sa main clandestine
Flatte un ami tranquille et creuse sa ruine ;
Ou ses hardis vaisseaux, déjà loin de nos ports,
Vont de l'Inde à vil prix acheter les trésors ;
Ou pour lui l'Amérique, à nos mœurs façonnée,
Ravit les noirs enfants de la triste Guinée ;
Ou bien un bruit répand que Séjan, près du roi,
A laissé, par sa mort, un précieux emploi.
Tous briguent cet honneur. Mais de l'art, du génie,
L'or, des amis vendus, un peu de calomnie,
Pourront, du temple obscur d'où partent les succès,
Parmi tout ce concours faciliter l'accès.
Rien ne lui coûtera. Nul soin, nul stratagème.
Il part. En un moment redevenu lui-même,
Il oublie à jamais d'importunes chansons.
Fier même d'insulter ces rustiques leçons,
Abandonnant les sots à leurs vertus stériles,
Il se fait un honneur de ses crimes utiles.

Tel l'arbuste pervers, à sa fange attaché,
Croît et glisse en rampant sous la terre caché.
Qu'un enfant le délie, et, d'une main habile,
Redresse avec effort sa tige difficile :
Tant qu'il est retenu, vaincu par son appui,
Il cède, et vers le ciel s'élève malgré lui.

Mais, essayant toujours ses racines esclaves,
Pour peu qu'il ait senti relâcher ses entraves,
Il redouble sa lutte, et, prompt à s'échapper,
Se rend au vil penchant qui le force à ramper.

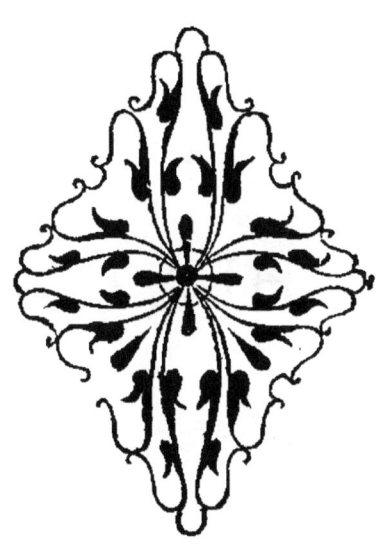

THÉATRE

THÉATRE

FRAGMENTS DE COMÉDIES

PROLOGUE

I

Bonjour, salut. Paix ! je suis l'orateur,
Ou le prologue envoyé de l'auteur.
Si vous avez feuilleté quelques pages,
Tout ce cortège aux folâtres visages,
Ces chœurs dansants, et ces ris un peu fous,
Vous font juger assez que devant vous
Se vient montrer la gente comédie;
Non cette froide, insipide, étourdie,

Qui ne dit rien, et se pare aujourd'hui
De mots fardés, de grimace, d'ennui,
De plats sermons; mais celle que l'Attique
Vit s'agiter sur son théâtre antique.
Le bon rimeur qui fait que nous voici
A d'autres dieux fut dévot jusqu'ici.
Ses vers, amants des forêts solitaires,
S'embellissaient d'études plus sévères.
Mais de sa route il faut quelques instants
Qu'il se détourne. Un tas de charlatans,
De vils escrocs, à qui chacun fait fête,
Ont de sa bile excité la tempête.
Or, comme il faut, pour flétrir ces pervers,
Les saupoudrer de caustiques amers,
Il veut contre eux, pour signaler sa haine
Ressusciter la scène athénienne.
Et c'est par nous qu'étalant une voix
Neuve aujourd'hui, populaire autrefois,
Il les fustige, et sur leur dos profane
Fait pétiller le sel d'Aristophane.
Ce Grec railleur, une fois trop mordant,
Contre Socrate envenima sa dent.
Mais il eut tout, esprit, force, harmonie,
Invention, gaîté, grâce, génie.
De son vers fin les âcres aiguillons
Faisaient merveille à larder les félons.
Et suis marri que notre grand Voltaire,
Que l'on croit plus qu'à Rome le saint-père,
A tout propos nous le dénigre, au lieu

D'étudier pour le connaître un peu.
De ce rieur que chérissait la Grèce,
Il eut l'esprit, la verve, la finesse;
Faut-il soi-même (et c'est ce qu'il fait, lui)
Se souffleter sur la face d'autrui?
Sus. Ouvrez donc de grands yeux. Notre scène
Va vous offrir toute la vie humaine :
Vous, vos amis; miracles et jongleurs,
Songes, esprits, prophètes, bateleurs,
Contes sacrés, sottises qu'il faut croire,
Dupes, fripons. Bref, toute votre histoire;
Si, qu'entre vous vous regardant au nez
Vous riez bien de vous voir bien bernés.
Mais quoi! j'entends une gent débonnaire
Qui vient me dire : — Hélas! comment se plaire
Aux petits vers qui fessent le prochain?
— Oui, mais que diable! on se lasse à la fin.
Je sais qu'il est permis d'être un peu bête.
Mais quand partout, prêt à courber la tête,
Le genre humain de boue enseveli,
Bien orgueilleux d'être bien avili,
Lèche en tremblant toute main qui l'assomme
L'honneur s'en mêle. Alors en honnête homme
Ne peut-on pas, les verges à la main,
D'un vers aigu fesser le sot prochain,
Le démasquer, et lui faire connaître
Qu'on le connaît? — Il rougira peut-être.
— Mes chers amis, rougissez, rougissez,
Je vous connais, et vous serez fessés.

Pour votre bien il faut qu'on vous étrille.
Confessez-moi votre humble peccadille.
Eh bien ? partout mensonge respecté,
Fourbe adorée et bon sens insulté !
Sottise altière, et de soi-même enflée !
Raison proscrite et vérité sifflée !
Et vous absurde après cela ? non pas,
Non, je ne puis. Trop énorme est le cas.
Venez, venez. Sur votre large échine,
Je vous prépare un peu de discipline.
Aussi dit-on qu'il faut, en bon chrétien,
Bien châtier ceux-là qu'on aime bien.
Mes bien-aimés, le fouet qui va vous cuire
Vous instruira, si l'on peut vous instruire,
Si, par après, malgré mes soins pieux,
Bien corrigés, vous ne valez pas mieux,
A votre dam. Vôtre sera la honte,
Et devant dieu je n'en rendrai pas compte.
J'accuserai votre esprit corrompu,
Car j'aurai fait tout ce que j'aurai pu.

II

Maintenant la loi sacrée
Veut que j'appelle à nos chœurs
Pallas amante des chœurs;
Vierge à l'hymen indocile,
Qui règne sur notre ville;
Qui tient les clefs de nos murs,
Parais, ô vierge immortelle
O toi qui hais les tyrans;
Le peuple des femmes t'appelle.
Mène avec toi dans ces lieux
La paix amante des fêtes.
Venez aussi toutes deux,
Paisibles et favorables,
O déesses vénérables,
Dans vos bois mystérieux,
Où sur vos saintes orgies
Nul homme ne porte les yeux :
Lorsqu'aux lampes étincellent
Vos fronts immortels, radieux,
Venez, venez toutes deux,
Vénérables Thesmophores,
Si jamais à notre voix,
Vous avez daigné descendre,
Daignez, daignez nous entendre,
Venez, venez cette fois.

III

Un charlatan décide une mère à laisser sa fille seule avec lui : un jeune cousin s'y oppose d'abord.

α

Oh !

β

Pourquoi non ?

α

Madame, un étranger,
Un inconnu ?

β

Monsieur, dans ma famille
Il ne l'est point. De plus, monsieur, ma fille
Peut bien sur moi s'en reposer en paix,
Et vous aussi. Je sais ce que je fais.

α

Soit. Pardonnez, madame, etc...

Puis, comme tout le monde se lève pour s'en aller et s'arrête, il s'approche d'elle.

α

Vous verrez donc le diable

β

          Oui.

α

                Le beau sort!

β

Vous voudriez être à ma place?

α

                    Fort.
Vous fatiguer ainsi de leur folie!

β

Oh! sans murmure un quart d'heure on s'ennuie.

α

Vous laisser seul avec cet impudent!

β

Maman le veut.

α

           Oui, le trait est prudent.

β

Mais j'ai, je crois, assez de ma prudence.
Et voilà, certe, un ton de défiance...
J'ai donc besoin de vous pour m'éclairer,
Et loin de vous je pourrais m'égarer?

α.

Non, mon Dieu, non. Mais qu'a-t-il donc affaire
De vous parler? Vous n'êtes point sorcière.
Que vous veut-il?

β

Nous le saurons. Adieu.
Ne boudez pas.

γ *(la mère)*.

Allons, quittons ce lieu.
Descendons tous chez moi.

δ

Croyez, vous dis-je,
Qu'il le fera.

ε

D'honneur, un tel prodige!
Voir des esprits! oh! madame!

ζ

Eh bien? quoi?

η

Sans doute.

θ

Après ce que j'ai vu, ma foi,
Moi, je crois tout.

γ *(la mère).*

Allons donc, le temps presse.
Avec monsieur, ma fille, je vous laisse,

(Ils sortent tous, et l'amoureux tarde, faisant semblant de regarder des machines.)

ι *le* (γὸη)

Monsieur, j'attends, car dans cet entretien,
Moi seul...

α.

Eh oui, je sors, je le sais bien.

ι

Bon, bon, je vois.

(Suit la scène avec la jeune personne.)

Vous êtes nés pour manquer de bon sens.
Moi je suis né pour rire à vos dépens.

. . . .
. . . .

Mais les humains ont besoin d'être sots.

IV

Et, non, non, non. Mais quel trembleur vous êtes!
Vous croyez donc à tant de fortes têtes?

Sachez de moi que ce tas de savants
Ne font jamais la guerre qu'au bon sens.
Les vrais savants, qui sont en petit nombre,
Cherchent la paix, la solitude et l'ombre.
Leur cabinet, leurs livres, leurs amis,
Font tous leurs soins. Ils fuiraient d'être admis
Dans la cohue, en sottises féconde,
Des importants qu'on nomme le beau monde.
Sur ses travers si jamais, par hasard,
Sans y penser ils jettent un regard,
Il leur suffit d'en gémir ou d'en rire.
Il parlent peu ; car ils ont trop à dire.
Ils ne vont point endoctriner sans fruit
Un monde vain, qui n'entend que le bruit.
S'ils parlent, même, aucun ne les écoute ;
Car ils sont vrais, simples, amis du doute.
Or ces gens-là, pour l'avenir formés,
Sont peu compris, encore moins aimés.
N'ayant de foi qu'à la raison sévère,
Comme on les craint, on ne les aime guère.
Pour les comprendre, il faut comme eux savoir,
Comme eux penser, méditer, lire, voir.
Qui les connaît? Sans orgueil, sans jactance
Enveloppés d'un modeste silence,
Qui diable irait si loin les déceler?
Pour les connaître il faut leur ressembler.
Si vers ceux-là nous dirigions nos armes,
Je trouverais fort justes vos alarmes.
Interrogés par eux, nous serions pris,

Et nous n'aurions que honte et que mépris.
Mais songez-vous que tout Paris abonde
D'autres savants connus de tout le monde?
Gens qui sans choix, sans but, aveuglément,
Par ton, par air, et par désœuvrement,
Font à grands frais essais, expériences,
Savent le nom de toutes les sciences;
Sur tous sujets toujours parlant, citant,
Jugeant, tranchant, arguant, régentant,
Et savourant la douce conscience
De leur mérite et de leur importance.
Par vanité, chacun fait le semblant
D'apprécier leur prétendu talent,
Et les exalte, et veut avoir la gloire
D'être cité parmi leur auditoire.
De tout savoir ministres déclarés,
Penseurs en titre, ennuyeux, révérés,
Comme l'oracle on les écoute dire,
On vient en foule, on bâille et l'on admire.
Or, ces savants qui, tous, en bonne foi,
Sont ignorants autant que vous et moi,
Nous les aurons pour nous fort à notre aise :
Nous bercerons leur vanité niaise;
Nous leur dirons qu'ils sont de grands esprits;
Qu'on ne pourrait sans eux vivre à Paris;
Que c'est sur eux que la sagesse, en France,
La vérité, fondent leur espérance.
Ils le croiront. De nous ils parleront.
Bien admirés, ils nous admireront;

Ils écriront. Car ils laissent la poste
A voiturer et missive et riposte,
Proposant plans, problèmes, questions,
A tous docteurs, à toutes nations.
De là, de là, nos hérauts, nos apôtres;
Ils prêcheront pour nous en gagner d'autres,
Et nous aurons, par leur soin diligent,
Beaucoup d'honneur et beaucoup plus d'argent.
Entendez-vous, ou quelque peur nouvelle
Obscurcit-elle encor votre cervelle?

Les comédies de Chénier devaient dans sa pensée, être entièrement écrites en vers de dix syllabes; les satyres dialoguées en vers de dix syllabes et les chœurs mixtes.

V

Ulysse

Il se dépouille alors, prêt à parler en maître,
De ces lambeaux trompeurs qui l'ont fait méconnaître;
S'élance sur le seuil, l'arc en main; à ses pieds
Verse au carquois fatal tous les traits confiés;
Et là : « Nous achevons un jeu lent et pénible,
Princes, tentons un but plus neuf, plus accessible,
Et si les dieux encor me gardent leur faveur... »
Et la flèche aussitôt, docile à l'arc vengeur,

Va sur Antinoüs se fixer d'elle-même.
Le fier Antinoüs, dans cet instant suprême,
Tenait en main sa coupe, ouvrage précieux,
Où pétillait dans l'or un vin délicieux.
La crainte, le trépas sont loin de sa pensée,
Et qu'un seul homme, aux yeux d'une troupe empressée,
Plus que vingt bras armés, quand son bras serait fort,
Pût oser l'attaquer et lui porter la mort,
Sur ses lèvres déjà la coupe reposée
Du nectar écumant lui versait la rosée,
Quand le fer, qu'à grand bruit fait voler l'arc nerveux,
Vient lui percer la gorge et sort dans ses cheveux.
Sa tête se renverse et l'entraîne et succombe.
La coupe de sa main fuit. Il expire. Il tombe.
Sa bouche, tous ses traits en longs et noirs torrents
Jaillissent. Sous ses pieds agités et mourants,
Table, vases, banquet, tout tombe, tout s'écroule;
Tout est souillé de sang. De leurs siéges en foule,
Ils s'élancent soudain. Confus, tumultueux,
Ils errent. Leurs regards sur leurs murs somptueux
Cherchent, fouillent partout; et rien à leur vengeance
Ne présente une épée ou le fer d'une lance.
Ils entourent Ulysse, et d'un œil de courroux :
Malheureux étranger, si peu sûr de tes coups,
Tremble, tu paieras cher ton erreur homicide;
Ta main ne sera plus imprudente et perfide;
Du premier de nos Grecs elle tranche les jours;
Mais, malheureux, ton corps va nourrir les vautours.
Insensés! d'une erreur ils le croyaient coupable;

Ils ne présumaient pas que ce coup formidable,
Pour eux d'un même sort était l'avant-coureur.
Ulysse, sur eux tous roulant avec fureur
Un regard enflammé d'une sanglante joie :
Vous ne m'attendiez plus des campagnes de Troie,
Lâches, qui, loin de moi dévorant ma maison,
De tous mes serviteurs payant la trahison,
Osiez porter vos vœux au lit de mon épouse,
Sans redouter des dieux la vengeance jalouse,
Ou qu'aucun bras mortel osât me secourir?
Tremblez, lâches, tremblez : vous allez tous mourir.

Chénier voulait écrire des tragédies sur Théodose avec une situation analogue à celle d'Athalie, sur les proscriptions de Marius et de Sylla ou d'Octave et d'Antoine. Les tragédies devaient être dialoguées en vers alexandrins, et les chœurs en vers mixtes.

POÉSIES DIVERSES

POÉSIES DIVERSES

I

. . . .
. . . . C'est la frivolité,
Mère du vain caprice et du léger prestige.
La fantaisie ailée autour d'elle voltige :
Nymphe au corps ondoyant, né de lumière et d'air,
Qui, mieux que l'onde agile ou le rapide éclair,
Ou la glace inquiète au soleil présentée,
S'allume en un instant, purpurine, argentée,
Ou s'enflamme de rose, ou pétille d'azur.
Un vol la précipite, inégal et peu sûr.
La déesse jamais ne connut d'autre guide.
Les Rêves transparents, troupe vaine et fluide,

D'un vol étincelant caresse ses lambris.
Auprès d'elle à toute heure elle occupe les Ris.
L'un pétrit les baisers des bouches embaumées;
L'autre, le jeune éclat des lèvres enflammées;
L'autre inutile et seul, au bout d'un chalumeau
En globe aérien souffle une goutte d'eau.
La reine, en cette cour qu'anime la folie,
Va, vient, chante, se tait, regarde, écoute, oublie,
Et, dans mille cristaux qui portent son palais,
Rit de voir mille fois étinceler ses traits.

II

Conte

Pour se nourrir, attaquer, se défendre,
Aux animaux, mère soigneuse et tendre,
Dame nature a donné des moyens,
Mais différents; chaque espèce a les siens,
Et quand survient l'occasion susdite,
A s'en servir l'instinct la nécessite.
D'un bel œuf blanc le fils rauque et braillard
Tente beaucoup l'appétit d'un renard;
Troupeau nombreux, bêlant, fourré de laine,
Fuit un chien noir qui jappe dans la plaine.

D'un large front les tortueux rameaux,
Dans les combats, protègent les taureaux.
Donc je vous tiens ennemi de nature
Quand vous voulez qu'à son instinct parjure,
Un coq matois aille tordre le cou
D'un vieux renard et l'emporte en son trou ;
Que le taureau, bêlant dans la campagne,
Fuie aux abois d'un chien qui l'accompagne ;
Et que l'agneau, d'un front dur, spacieux,
Aille éventrer vingt dogues furieux.

. . . .

Mais, comme vous, ce que plus je regrette.
Mes chers amis, c'est qu'en ce temps béni,
A tout moment des filles toutes nues,
Pour se couvrir n'ayant que leurs cheveux,
De pleurs amers inondant leurs beaux yeux,
De tous les bois peuplaient les avenues.

III

Secrets observateurs, leur studieuse main
En des vases d'argile et de verre et d'airain
Enferme la nature et les riches campagnes.
Ce sont là leurs vallons, leurs forêts, leurs montagnes.

Barbares possesseurs, Procustes furieux,
Sous le niveau jaloux leur fer injurieux
Mutile sans pitié les plaintives Dryades.
Le plomb, les murs de pierre enchaînent les Naïades
De bassins en bassins, de degrés en degrés,
Guident leur chute esclave et leurs pas mesurés.
Là, quelle muse libre et naïve et fidèle
Peut naître? Loin du bois, comme si Philomèle
Sous leurs treillages peints dont la main du sculpteur
A ciselé l'acanthe ou le lierre imposteur,
Allait chercher ces sons dont le printemps s'honore
Délices de la nuit, délices de l'aurore.

IV

Pour entendre ce chœur de cygnes étrangers,
Le vaste écho des monts que la Baltique embrasse,
Hérissé de forêts, de ses antres de glace
Sortit, et, souriant, pour la première fois
Il se plut à s'entendre et méconnut sa voix.

Les poètes anglais, trop fiers pour être esclaves,
Ont même du bon sens rejeté les entraves.
Dans leur ton uniforme, en leur vaine splendeur,
Haletants pour atteindre une fausse grandeur,

Tristes comme leur ciel toujours ceint de nuages,
Enflés comme la mer qui blanchit leurs rivages,
Et sombres et pesants comme l'air nébuleux
Que leur île farouche épaissit autour d'eux,
D'un génie étranger détracteurs ridicules
Et d'eux-même et d'eux seuls admirateurs crédules,
Et certes quelquefois, dans leurs écrits nombreux,
Dignes d'être admirés par d'autres que par eux.

C'est cet amour profond que la patrie inspire
Qui, sur soi, pour longtemps assied un vaste empire;
Qui, seul, en demi-dieux transforme les soldats,
Qui, seul, avec vigueur fait mouvoir les États,
Fait durer leur jeunesse et d'une main divine
Les relève déjà penchants vers leurs ruines.
L'or offrirait en vain des secours opulents;
En vain même le ciel formerait des talents.
Français, notre salut n'a point d'autre espérance;
Français, nous périssons si vous n'aimez la France;
Si vous ne l'aimez plus que. . . . .
Si le bonheur commun n'est pas votre bonheur,
Rien, rien que cet amour fraternel et sublime
Sous nos pas raffermis ne peut combler l'abîme.
Que la France, partout, du jeune homme pieux
Occupe à tout moment et le cœur et les yeux;
Qu'il la voie et lui parle et l'écoute sans cesse;
Qu'elle soit son trésor, son ami, sa maîtresse;
Que même au sein des nuits, d'un beau songe charmé,
Il serre dans ses bras ce simulacre aimé...

Français, rougirez-vous de cette humble infamie?
Faudra-t-il voir toujours une race ennemie...

Laissons leur jeunesse. . . mélancolique
Au sortir du gymnase, ignorante et rustique,
De contrée en contrée aller au monde entier
Offrir sa joie ignoble et son faste grossier;
Promener son ennui, ses travers, ses caprices;
A ses vices, partout, ajouter d'autres vices;
Et présenter aux ris du public indulgent
Son insolent orgueil fondé sur son argent. .
... Nation toute à vendre à qui peut la payer.

V

 Voyez rajeunir d'âge en âge
 L'antique et naïve beauté
 De ces muses dont le langage
 Est brillant, comme leur visage,
De force, de douceur, de grâce et de fierté.

 De ce cortège de la Grèce,
 Suivez les banquets séducteurs,
 Mais fuyez la pesante ivresse
 De ce faux et bruyant Permesse
Que du Nord nébuleux boivent les durs chanteurs.

VI

Des monts du Beaujolais aspect délicieux
Quand l'Azergue limpide, enfant de ces beaux lieux,
Descendant sur les prés et la côte vineuse,
Vient grossir de ses eaux la Saône limoneuse.

VII

Des vallons de Bourgogne, ô toi, fille limpide
Qui pares de raisins ton front pur et liquide
Belle Seine, à pas lents, de ton berceau sacré
Descends, tandis qu'assise en cet antre azuré,
D'un vers syracusain la muse de Mantoue
Fait résonner ton onde où le cygne se joue.

VII

Sur le Rhin

Trop heureux sur ce bord pendant la nuit obscure,
Qui, sous un humble toit, de son lit amoureux,
Entend gronder l'orage et le ciel ténébreux,
Et le Rhin, et ses flots, et sa rive écumante,
Et presse sur son sein le sein de son amante !

IX

La Seine

Ainsi, vainqueur de Troie et des vents et des flots,
D'un navire emprunté pressant les matelots,
Le fils du vieux Laërte arrive en sa patrie,
Baise en pleurant le sol de son île chérie;
Il reconnaît le port couronné de rochers
Où le vieillard des mers accueille les nochers,
Et que l'olive épaisse entoure de son ombre;
Il retrouve la source et l'antre humide et sombre

Où l'abeille murmure; où, pour charmer les yeux,
Teints de pourpre et d'azur, des tisssus précieux
Se forment sous les mains des naïades sacrées;
Et dans ses premiers vœux ces nymphes adorées
(Que ses yeux n'osaient plus espérer de revoir)
De vivre, de régner lui permettent l'espoir.

Oh! des fleuves français brillante souveraine,
Salut! ma longue course à tes bords me ramène,
Moi que ta nymphe pure en son lit de roseaux
Fit errer tant de fois au doux bruit de ses eaux;
Moi qui la vis couler plus lente et plus facile,
Quand ma bouche animait la flûte de Sicile;
Moi, quand l'amour trahi me fit verser des pleurs,
Qui l'entendis gémir et pleurer mes douleurs
Tout mon cortège antique, aux chansons langoureuses,
Revole comme moi vers tes rives heureuses.
Promptes dans tous mes pas à me suivre en tous lieux,
Le rire sur la bouche et les pleurs dans les yeux,
Partout autour de moi mes jeunes Élégies
Promenaient les éclats de leurs folles orgies,
Et, les cheveux épars, se tenant par la main,
De leur danse élégante égayaient mon chemin.
Il est bien doux d'avoir dans sa vie innocente
Une Muse naïve et de haines exempte,
Dont l'honnête candeur ne garde aucun secret;
Où l'on puisse au hasard, sans crainte, sans apprêt,
Sûr de ne point rougir en voyant la lumière,
Répandre, dévoiler son âme tout entière.

C'est ainsi, promené sur tout cet univers,
Que mon cœur vagabond laisse tomber des vers.
De ses pensers errants vive et rapide image,
Chaque chanson nouvelle a son nouveau langage,
Et des rêves nouveaux un nouveau sentiment :
Tous sont divers et tous furent vrais un moment.

Mais que les premiers pas ont d'alarmes craintives !
Nymphe de Seine, on dit que Paris sur tes rives,
Fait asseoir vingt conseils de critiques nombreux,
Du Pinde partagé despotes soupçonneux.
Affaiblis de leurs yeux la vigilance amère;
Dis-leur que, sans s'armer d'un front dur et sévère,
Ils peuvent négliger les pas et les douceurs
D'une Muse timide, et qui, parmi ses sœurs,
Rivale de personne et sans demander grâce,
Vient, le regard baissé, solliciter sa place;
Dont la main est sans tache et n'a connu jamais
Le fiel dont la satire envenime ses traits.

X

Stances sur l'ouvrage intitulé Catéchisme français ou Principes de morale républicaine à l'usage des écoles primaires, *par M. de la Chabeaussière.*

Ce livre chaste et simple à tout âge est utile,
Il est sage et pensif pour plaire au bon vieillard,
Fier et nerveux pour l'homme et pour l'enfant docile
Comme lui doux et pur, et comme lui sans art.

Chaque vers dans ce livre est une vérité;
Leur sens précis et vrai s'imprime en la mémoire;
L'homme y lit son état, l'enfant ce qu'il doit croire.
Le vieillard ce qu'il a dit, fait ou médité.

Haïssons les tyrans, perdons la tyrannie.
Qu'il soit déclaré traître et proscrit en tout lieu
L'impie et l'inhumain, prêcheur de calomnie,
Qui dit que les tyrans sont l'image de Dieu.

Parents, prenez ces vers, et par des prix de gloire
Récompensez l'enfant qui les récite bien.
Que leur sens vertueux germe dans sa mémoire;
Il sera fils, ami, père, époux, citoyen.

NOTES

POÉSIES ANTIQUES

I

Page 3.

Souvenir d'une *Vie* apocryphe d'Homère et d'*Œdipe à Colonne*.

Page 3, vers 1.

Claros en Ionie, lieu consacré à Apollon.

Page 3, vers 2.

Sminthée, dieu de Sminthe (Troade), ou *tueur de rats*. Apollon aurait jadis détruit ces animaux qui ravageaient les champs.

Page 4, vers 4.

Et une lourde coupe était suspendue à sa ceinture par une anse usée.

VIRG. VIe *Égl.*

Page 4, vers 11.

Étranger, puisque tu ne ressembles en rien aux hommes... mais aux dieux immortels.
Hymne a Apollon.

Page 4, vers 23.

... Non, je ne ressemble pas aux dieux... mais aux hommes mortels.
Hom. *Odyss.* vii.

Page 5, vers 2.

Thamyris avait la prétention de vaincre, non Apollon, mais les Muses.

Page 5, vers 20.

Ulysse disait à Nausicaa *(Odyss.* vi) :

Trois fois heureux ton père et ta mère vénérable, trois fois heureux tes frères ... car jamais mes yeux ne virent un tel être, homme ou femme.

Page 5, vers 25.

Latone, sur le point d'être mère, embrassa, dans ses douleurs, un palmier.

Page 5, vers 27.

Delos, Cyclade que Neptune fit sortir des eaux pour que Latone, persécutée par Junon, pût enfin trouver un asile.

Page 6, vers 12.

Symé, île voisine des côtes de Carie, non *Cymé,* colonie éolienne qui prétendait avoir vu naître Homère.

Page 6, vers 13.

Carie, province d'Asie Mineure.

Page 7, vers 6.

Ζεὺς ξένιος, dit Homère (Iliade), dont Chénier traduit l'expression.

Page 7, vers 14.

Orphée chantait dans les bois de l'Hémus ou du Rhodope et les animaux féroces s'apprivoisaient, les fleuves suspendaient leur cours à sa voix.

Page 7, vers 23.

Mnémosyne, mère des Muses.

Page 8, vers 12.

Enfant du vieil aveugle, Antigone, dans quel pays, dans quelle ville sommes-nous arrivés (Œdipe à Colonne).

Page 8, vers 13.

Syros, Cyclade, qu'Homère a décrite (*Odyss.* XIV).

Page 9, vers 2.

... *et toi, soleil qui vois et entends tout, et vous fleuves et Terre*, etc...

Hom. *Il.* III.

Page 9, vers 15.

... *il chantait comment, dans le vide immense, s'étaient agglomérés les principes du monde, de l'air, de la mer et du feu liquide* (*Virg. Ég.* VI).

Page 9, vers 24.

Diomède, à la guerre de Troie, blessa Vénus et Mars.

Page 10, vers 2.

Xanthe, prédit à Achille sa mort.

Page 10, vers 16.

Nérée, fils d'Océan et de la Terre.

Page 10, vers 21.

Là toute une foule se précipitait vers les rives; mères et maris, magnanimes héros délivrés de la vie, jeunes gens et vierges, etc.

Virg. *En.* vi.

Page 10, vers 27.

Lemnos, île de la mer Egée où la tradition plaçait les forges de Vulcain.

Page 11, vers 1.

Arachné défia Minerve, jalouse de son habileté dans l'art de la broderie et la vainquit. Frappée par la déesse, elle se pendit et fut changée en araignée.

Page 11, vers 4.

Ovide dans ses *Métamorphoses* a raconté l'histoire de cette mère qu'Apollon punit de sa fécondité orgueilleuse, par le meurtre de ses enfants.

Page 11, vers 6.

Aédon tua son fils, croyant tuer le fils de sa belle-sœur. Jupiter le changea en rossignol.

Page 11, vers 10.

Mercure donne à Ulysse *le népenthès* contre les enchantements de Circé.

Page 11, vers 15.

Pénée, fleuve de Thessalie, arrosait la vallée de Tempé.

Page 11, vers 19.

Les Centaures, les *Métamorphoses* d'Ovide (xii) ont développé la description de ce combat.

II

Page 13.

Homère avait traduit cette idée de l'hospitalité dans l'épisode d'Ulysse et de Nausicaa *(Odyss.* VI).

Page 13, vers 17.

Cérynée, ville d'Achaïe.

Page 13, vers 18.

Le *Crathis* se jette dans le golfe de Corinthe.

Page 14, vers 4.

VIRGILE *(Én.* III) :
Lorsque soudain des forêts sort un inconnu décharné et d'aspect misérable qui tend vers le rivage une main suppliante.

Page 14, vers 7.

Ulysse dit aussi à Nausicaa :
Si tu es une déesse... je te compare à Artémis. Mais au contraire si tu es une mortelle, trois fois heureux ton père et ta mère... (Odyss. VI).

Page 15, vers 4.

Le pont est aussi dans Homère, un ruisseau coule devant la cour du palais d'Alcinoüs.

Page 16, vers 14.

La maison rit d'une odeur agréable.

CAT. L. XIV.

Page 16, vers 26.

Ordinairement, les femmes n'assistaient ni aux festins, ni aux représentations théâtrales.

Page 17, vers 5.

Ulysse fait de même.

Page 18, vers 8.

Jupiter et Vulcain apparurent ainsi à Philémon et à Baucis.

Page 20, vers 23.

Hom. *Odyss.* xiv, 45.

Page 21, vers 15.

Tu dis le plus clairement possible toutes les choses sensées.
Hom. *Odyss.* xix, 352.

Page 22, vers 4.

Une fortune semblable a voulu qu'après mille souffrances et mille vicissitudes, je m'arrêtasse sur cette terre. La science du malheur m'a appris à compatir à la souffrance.
Virg. *Én.* i, 638.

Page 23, vers 22.

Le sort de Cléotas ressemble à celui d'Œdipe.

III

Page 26.

Cf. Les *Trachiniennes* de Sophocle et *l'Hercule* de Sénèque.

IV

Page 27.

LEBRUN aussi a raconté la légende d'Europe. *Od.* I, xx.

Page 27, vers 13.

Jupiter affectionnait les déguisements.

STACE *Silves*, I, 11. LEBRUN. I, VIII.

Page 28, vers 8.

J'ai vu Corinthe, Argos et Crète et les cent villes (page 6, vers 21).

V

Page 31, vers 11.

Les Heures, filles de Thémis et de Jupiter, à qui elles obéissent.

Page 32, vers 2.

C'est le célèbre sophisme contenu dans *le Voyage d'Anacharsis* et qui peut se résumer ainsi : Anaxagoras dit que les Crétois sont des menteurs et Anaxagoras est Crétois, donc il ment, etc.

Page 32, vers 17.

Les Prætides, filles d'un roi d'Argos, se comparèrent à Junon, qui les frappa momentanément de démence et les fit se croire des génisses.

VI

Page 33.

Cf. *Pygmalion et Galathée*.

Page 33, vers 3.

Anchise, aimé de Vénus, à qui Pâris donna la pomme.

VII

Page 34, vers 4.

C'est la constellation.

VIII

Page 35, VIII.

Cf. *Géorgiques*. L. III.

IX

Page 36, vers 16.

Les Titans, fils de Titan et de la Terre, luttèrent contre Saturne. Jupiter les vainquit.

X

Page 39, vers 5.

Œnone, nymphe de l'Ida, aimée d'Apollon, puis de Pâris.

Page 39, vers 6.

Arion le poète musicien.
Cf. LEBRUN, *Odes* III, IV.

Page 39, vers 8.

Endymion, berger d'Elide, chéri de Diane.

Page 39, vers 13.

Héro et Léandre.

XI

Page 40.

Ovide. Métam. VIII.

Page 40, vers 2.

Erichton, roi d'Athènes.

XIII

Page 41, vers 17.

Chariclée, nymphe, mère de Tirésias.

ÉLÉGIES

I

Page 47.

Le fond du *Jeune Malade* est tiré d'un roman grec de THÉODORE PRODROME, *Aventures de Rhodanthe et de Cosiclès.*

Page 48, vers 2.

Le *Ménale,* montagne d'Arcadie.

Page 48, vers 4.

L'onyx dissipait la fièvre.

Page 48, vers 25.

La *Phèdre* de RACINE, I, III, dit aussi :
Que ces longs ornements que ces voiles me pèsent!
et BERTIN (*Amours*, I, 11) :
Le plus léger tapis m'importune et me pèse.

Page 48, vers 26.

Cf. Les plaintes d'Hercule sur le bûcher (*Trachiniennes* 1041).

Page 49, vers 20.

L'*Erymanthe*, affluent de l'Alphée en Arcadie.

Page 49, vers 26.

VIRGILE (*Egl.* V, 58).
Le loup ne prépare aucune embûche au troupeau, les lacs aucune surprise traîtresse aux cerfs.

Et (*Géorg.* II, 151) :
Les tigres furieux et les farouches lionceaux y sont inconnus.

Page 50, vers 7.

Chénier imite RACINE (*Phèdre*, I, III) :
Hippolyte? grands dieux! — C'est toi qui l'as nommé.

Page 50, vers 10.

OVIDE (*Mét.* I, 481) :
Beaucoup l'ont désirée : dédaignant leur désir... elle parcourt les sentiers écartés des forêts.

Page 50, vers 16.

DIDON (*En.* IV, 424) :
Va, ma sœur, et implore l'orgueilleux ennemi.
Et *Phèdre* (III, 1) :
... Presse, pleure, gémis, peins-lui Phèdre mourante.

Page 52, vers 5.

Virgile (*En.* IV, 641) :
>Son zèle de vieille femme accélérait son pas.

II

Page 53, vers 8.

Le *Sébéthus*, traverse Naples.

Page 53, vers 9.

L'usage de couper les chevelures sur les tombeaux était fréquent chez les Grecs. Électre prévoit le retour d'Oreste à la vue des cheveux inconnus jetés sur le tertre.

Page 53, vers 17.

Catulle (LXIV, 117) raconte qu'Ariane (appelée par Chénier Neére) abandonna son père, sa sœur, sa mère qui pleurait la perte de sa fille, et leur préféra Thésée.

Stace aussi (*Silves*, I, II) parle d'elle.

Page 53, vers 20.

Castor et Pollux, fils de Jupiter et de Léda. Horace (*Od.* I, III) les désigne comme Chénier, sous le nom de frères d'Hélène et d'*astres clairs*.

Page 53, vers 22.

Pæstum, ville de Lucanie où l'on cultivait les roses.

Page 54, vers 5.

L'expression de Chénier « *s'élevant comme un songe* » est celle d'Homère (*Odyss.* XI, 207).

>σκιῇ εἴκελον, ἢ καὶ ὀνείρῳ.

Et celle de Virgile (*En.* VI, 701) :
>... *volucrique simillima somno.*

III

Page 54, vers 9.

Virgile a dit *(Georg.* I, 399) textuellement :
Alcyons, chers à Thétis.

Page 54, vers 11.

Camarine, ville de Sicile.

Page 54, vers 12.

En deux vers Chénier résume les cérémonies de l'hymen.

Page 55, vers 8.

Le cap du *Zéphyr* est à la pointe du *Brutium.*

IV

Page 56, vers 8.

Hellé, persécuté par sa marâtre allait être sacrifié aux dieux avec son frère, quand sa mère leur envoya un bélier doré pour traverser les pays dans les airs : Hellé, en tombant, donna son nom à l'Hellespont.

Page 56, vers 9.

... *Toi qui es ma vie, je t'ai aperçue en songe. Comme j'ai craint qu'un jour cette mer ne prit ton nom! ... si, par hasard Glaucus avait connu tes yeux, tu serais devenue une déesse de la mer Ionienne... mais j'ai vu venir à ton secours le dauphin, qui jadis, je pense, avait porté Arion et sa lyre.*

Properce, II, xxvi.

V

Page 57, vers 3.

Ainsi, jadis Thétis alla vers Pélée, portée par un dauphin dont elle tenait la bride.

Tib. I, v, 45.

Page 57, vers 12.

L'envie ferait murmurer contre toi la blanche Nésée et Cymothoe, couleur d'azur.

Prop. II, xxvi.

Page 57, vers 12.

Nérée n'a jamais existé comme néréide ; il faut lire *Nésée*.

VI

Page 58.

La pièce est dédiée à *Madame Cosway*.

Page 59, vers 7.

Les Gémeaux, Castor et Pollux, favorables aux navigateurs.

Page 59, vers 9.

Junon Illythie, protectrice de l'hymen.

Page 61, vers 20.

Les Furies, Tisiphone, Alecto, Mégère.

VII

Page 62, vers 14.

Souvent, mon âme viendra planer autour de toi.
(GESSNER, le Souhait).

*Je viendrai, Clinias, je volerai vers toi.
Mon âme vagabonde, à travers le feuillage
Frémira :*
CHÉNIER. El. ant. p. 50, vers 1, 2.

VIII

Page 63, vers 3.

Heureuse s'il n'y avait jamais eu de troupeaux.
VIRG. Eg. VI, 45.

Page 63. vers 5.

Amnise, baie de l'île de Crète.

Page 63, vers 6.

Gortyne, ville crétoise, près du labyrinthe.

Page 63, vers 13.

Nymphes, fermez, fermez, nymphes, désormais les défilés des bois.
VIRG. Eg. VI.

Page 64, vers 1.

Elle dit, tenant les entrailles : « Allez, favorisez mon amant. »
OV. Art d'Aimer.

IX

Page 64, vers 12.

Pythagore, de Samos, ordonnait le silence à ses disciples. *Métaponte* l'admirait. Le portrait du Pythagoricien est emprunté à la xive *idylle* de Théocrite.

... *Voilà pourquoi ce visage amaigri, cette barbe négligée et ces cheveux en désordre... tel était l'autre jour le Pythagoricien, le front pâle, les pieds nus...*

Page 64, vers 18,

Zaleucus, berger pythagoricien.

Page 65, vers 1.

Thurium, ville de Lucanie, plus tard Sybaris.

X

Page 66, vers 4.

Glaucus, pêcheur qui se précipita dans la mer après avoir mangé une herbe merveilleuse ; il fut métamorphosé en dieu.

Page 66, vers 4.

Palémon, dieu marin, favorable aux navigateurs.

Page 66, vers 20.

Les animaux sacrifiés aux divinités infernales sont noirs : des taureaux de cette couleur sont immolés, de nuit, à Pluton, par exemple.

IDYLLES

II

Page 77, vers 1.

« *Dryades, habitantes des forêts... Naïades dont le pied d'une blancheur de marbre fend les rivages humides... dites-moi dans quelle prairie je trouverai Donax.* »

CALPURNIUS. *Eg.* IX, 20.

III

Page 79.

Idylle XXVII de THÉOCRITE. Cf. LEBRUN et son *Oaristys.*

Page 81, vers 11.

Mille amants l'ont aimée; ils l'ont aimée en vain.
Comme eux, j'aurais trouvé quelque refus hautain.

Le Jeune Malade, 103.

Page 82, vers 8.

Dans une idylle projetée, CHÉNIER aurait fait dire à une autre jeune fille :

Lucine est douloureuse et flétrit la beauté.

IV

Page 89, vers 5.

A la sauterelle, rossignol des champs, et à la cigale, habitante des troncs d'arbre, Myro a élevé ce tombeau commun et la jeune fille a versé des larmes virginales, car l'Adès impitoyable possède ces deux insectes qui faisaient ses délices.

ANITÉ. *Anal.* 1, p. 200.

V

Page 90, vers 7.

Le cœur de ta génisse est tout aux champs verdoyants : tantôt le fleuve la soustrait à la chaleur lourde, tantôt elle brûle de folâtrer avec ses compagnes, parmi les saules humides...

HOR. *Od.* II, v.

Page 90, vers 16.

Tandis que sa tête se tourne vers les brûlants baisers.

HOR. *Od.* II, XII, 25.

Page 90, vers 19.

Ne moissonne pas l'épi avant la saison des chaleurs, le bouton de rose avant qu'il ne soit déclos, le raisin avant qu'il ne soit mûri par le soleil...

La fin de cette pièce est empruntée à EUMATHE MACREMBOLITE, auteur de *Hysmine et Hysminias*.

Page 91, vers 6.

Et les fruits passeront la promesse des fleurs.

MALHERBE. *Stances à Henri*, p. 71.

VI

Page 93, vers 22.

Comme lorsqu'une mère chasse une mouche loin de son fils doucement endormi...

HOM. *Il.* IV, 130.

Page 94, vers 17.

Si tu es mortel, bienheureux tes parents,
. . . . . fortunée, ta nourrice.
Ov. Mét. IV, 322.

Page 94, vers 27.

Hyacinthe, aimé d'Apollon et de Zéphyre, préféra le premier.

Page 95, vers 1.

Ganymède.

Page 95, vers 2.

Adonis, fils de Myrrha, métamorphosée en arbre d'où coule la myrrhe.

Page 95, vers 21.

Non, ne me regarde pas ainsi, dit-il, et il ferma doucement les yeux de la jeune bergère.
GESSNER, *Idylles, Damon et Philis.*

VII

Page 96.

La légende d'Hylas contée par ORPHÉE *(Arg.* 646), PROPERCE, I, XX, THÉOCRITE, *Id.* XIII, PARNY, *la Journée champêtre.*

Page 96, vers 4.

Éloquent : la forêt de Dodone rendait des oracles et la quille du vaisseau des Argonautes avait été faite avec un de de ses chênes.

Cet inconcevable navire
Qui parlait aux flots étonnés.
LEBRUN, *Od.* I, 1.

Page 96, vers 5.

Colchos, contrée d'Asie illustrée par l'expédition des Argonautes.

Page 96, vers 6.

L'Euxin, la mer Noire très orageuse.

ÉGLOGUES

I

Page 105, vers 1.

Gnide en Carie, comme *Paphos*, ville de Chypre consacrée à Vénus. Anacréon affectionne ce genre de pièces dont *l'Amour Mouillé* est un des spécimens les plus célèbres.

Page 106, vers 1.

Pénée, fleuve de la Thessalie, sur les bords duquel Apollon, exilé du ciel, garda les troupeaux royaux d'Admète.

Page 106, vers 2.

Ménale mont de l'Arcadie où Pan était particulièrement honoré.

Page 106, vers 8.

Pluton aima Proserpine qu'il enleva en Sicile.

III

Page 108, vers 20.

On l'appelle Bacchus et Bromius et Lyaeus..., Dionysé, Thyonée... et Iacchus et Evan.

Ov. *Mét.* IV, 11.

Page 107, vers 21.

Thyonée, fils de Thyone, *Sémélé*, fille de Cadmus, aimée de Jupiter, *Dionyse*, dieu de Nysa, *Lénée*, dieu du pressoir.

Page 108, vers 1.

Naxos, une des Cyclades.

Page 108, vers 2.

Ariane, consolée par Bacchus du départ de Thésée.

Page 108, vers 13.

... Et en outre, tous les noms que tu as, Bacchus, dans les cités grecques.

Ov. *Mét.* IV, 16.

V

Page 110, vers 2.

« ... *Si (mon père) jouait quelque air sur son chalumeau, je l'écoutais dès lors avec attention... ou bien je lui tirais, en souriant, sa flûte de sa bouche, et je formais des sons dissonants.* »

Gessner, *Lycas et Milon.*

VI

Page 111, vers 1.

Théocrite (*Id.* XXV) parle aussi d'une génisse à qui on a lié les pieds avec des lanières, pour la traire.

VII

Page 111.

Ne soyez pas trop avares, moissonneurs... mais pensez avec reconnaissance à la bonté du dieu des moissons qui répand l'a-

bondance dans vos champs tandis que ces malheureux, vos semblables, s'éparpillent autour de vous et, comme les oiseaux du ciel, demandent un humble salaire.

THOMSON. *Automne.*

IX

Page 112.

VIRG. *(Géorg.* III, 222) a aussi décrit un combat de taureaux dont Chénier a dû se souvenir.

X

Page 113, vers 4.

Bérécynthe, montagne de Phrygie où était née Cybèle qui y avait un temple.

Page 113, vers 6.

Hyagnis, père et maître de Marsyas.

Page 113, vers 8.

Le Méandre, rivière d'Asie-Mineure, naissant en Phrygie.
Le Sangar, rivière d'Asie-Mineure sortant de Galatie.

Page 113, vers 20.

Célène, ville de Phrygie.

Page 114, vers 19.

Minerve, protectrice d'Athènes.

XI

Page 115.

Mêmes idées dans VIRGILE *(Géorg.* IV, 64, 557).

XII

Page 116.

Vois-tu, là-bas, sur cet arbre ces deux colombes? Regarde, regarde comme elles entrelacent admirablement leurs ailes!...
                    Gessner. *Damon et Philis.*

Page 117, vers 7.

*... Et tout en écoutant, je murmurais tout bas,
Regardant cette enfant, qui ne s'en doutait guère :
« Sous votre aimable tête, un cou blanc, délicat,
Se plie et de la neige effacerait l'éclat. »*
                    A. de Musset. *Une soirée perdue.*

XIII

Page 117, vers 18.

Dictyne, montagne de Crète où Diane errait.
Développement d'un passage de Pindare. *De Solert. anim.* xxxvi.

XX

Page 123.

Souvent ma muse se cache dans l'épaisseur des bois pour écouter les dryades et les satyres aux pieds de chèvre, elle épie dans les grottes les nymphes couronnées de roseaux. (Gessner. *A Daphné.*)

XXI

Page 121, vers 6.
Renaud, chef chrétien retenu par Armide.

Tancrède, un des chefs de la première croisade, fondateur de la principauté de Galilée, un des héros de la *Jérusalem délivrée*.

Erminie, la tendre héroïne de *la Jérusalem*.

Page 124, vers 20.

Souvenir de *l'Arcades ambo* virgilien.

XXV

Page 127, vers 14.

Inachus, premier roi d'Argos et père d'Io.

XXVII

Page 128.

Chénier dit encore de la santé qu'elle est un bien :
> *Souhaite-lui d'abord la paix, la liberté,*
> *Les plaisirs, l'abondance et surtout la santé. (Ep. IV.)*

XXVIII

Page 130, vers 2.

Pope (XVIIe siècle-XVIIIe) auteur de l'*Essai sur la Critique*, de la *Forêt de Windsor*, de l'*Épître d'Héloïse*, de traductions de l'*Iliade* et de l'*Odyssée*, de l'*Essai sur l'homme*, etc.

Page 130, vers 4.

Spenser (XVIe siècle), auteur du *Calendrier du Berger*. Chénier avait fait pour Mme Cosway huit vers italiens :

> *La Seine et la Tamise, ces deux sœurs, s'unissent enfin pour admirer la fille de l'Arno à qui le Phébus toscan donna une*

lyre d'or, à qui *Apelle* légua ce vivant pinceau qui fait respirer la toile, dont le chant est doux et dont la main savante se promène sur le clavecin ou sur des cordes sonores, tu es agréée des muses, ô *Cosway*, aimée sur le Pinde et chère à la Tamise.

XXX

Page 131.

Pièce dédiée à Mme Cosway : allusions à la poésie intitulée *l'Esclave*, p. 58.

TRADUCTIONS

I

Page 137.

OPPIEN (*Chasse.* 1, 358) dit qu'on étend devant les colombes des étoffes de pourpre, pour que leurs petits soient de cette couleur et que les Lacédémoniens mettent sous les yeux de leurs femmes, des tableaux représentant Nirée, Narcisse Hyacinthe, pour avoir de beaux enfants.

II

Page 138.

Virginité, virginité, où t'en vas-tu, après m'avoir abandonné ?
— Je ne te reviendrai plus jamais, je ne reviendrai plus jamais.
SAPHO.

III

Page 138.

... *Une mère apprit de l'amour inhumain à souiller ses mains du sang de ses enfants : tu fus cruelle, mère, toi aussi! Qui montra plus de cruauté, la mère ou ce dieu sans pitié : ce dieu fut sans pitié, tu fus cruelle, mère, toi aussi.*

Virg. Eg. viii.

IV

Page 139.

Bion (*Id.* iv).

Les Muses ne craignent pas le farouche Amour, mais elles l'aiment et suivent ses pas. L'homme insensible, elles le fuient et lui refusent leurs leçons ; vers l'amant toutes se précipitent en foule... si je chante quelque mortel ou quelque dieu, ma langue s'embarrasse et oublie les chansons d'hier ; mais si je célèbre l'Amour ou Lycidas, alors de mes lèvres, mon chant s'écoule de lui-même.

Ronsard a imité aussi Bion :

Mais quand je veux d'amour ou écrire ou parler,
Ma langue se dénoue, et lors je sens couler
Ma chanson d'elle-même aisément en la bouche.

V

Page 140.

Vesper, astre d'or de Vénus chérie... divin ornement de la nuit bleue... remplace pour moi la lune... car je ne vais pas voler, ou tendre des embûches aux nocturnes voyageurs sur les routes, mais j'aime...

BION, IX.

VI

Page 141.

Comme nous entrions dans un bois ombragé nous y trouvâmes le fils de Vénus, aux joues couleur de pommes vermeilles. Il n'avait, ni son carquois, ni son arc recourbé, qui étaient suspendus au verdoyant feuillage des arbres : lui, dormait sur des boutons de rose, souriant, et de blondes abeilles se promenaient sur ses lèvres pour y cueillir le doux miel.

PLATON. An. I, XXIX.

VII

Page 141.

La mer se tait : les vents se taisent : la douleur ne se tait pas dans mon cœur, mais tout entière, je brûle pour celui qui m'a condamnée à être malheureuse et méchante, sans rester vierge.

THÉOCRITE.

VIII

Page 142.

O fille d'Athènes, nourrie de miel, babillarde, quand tu as pris une babillarde cigale, tu la portes en pâture à tes petits qui ne peuvent pas voler ; elle est babillarde, tu l'es ; elle vole et tu voles ; on lui est hospitalier comme à toi, toutes deux vous aimez l'été ; ne la laisseras-tu pas vite aller ? il n'est ni juste, ni équitable qu'un chanteur soit la proie d'un chanteur comme lui.

EVÉNUS DE PAROS, An. I, p. 166, XIII.

IX

Page 142.

MNAÏS (*An.* p. 146, XCLII).

Bergers, vous qui vous établissez au dos de la colline... rendez à Clitagore, par la Terre, par Perséphone, déesse chtonienne, un service léger, mais agréable... Que les troupeaux bêlent pour moi, qu'un berger joue de la flûte sur la rude pierre du tombeau... Entre les vivants et les morts, il y a encore des échanges de douceurs.

X

Page 143.

Ayant déposé son flambeau et ses traits, le tendre Amour prit un bâton de bouvier; une besace lui pendait à l'épaule. Il mit sous le joug des taureaux infatigables et ensemençait le fertile sillon de Cérès. Il leva les yeux au ciel et dit à Jupiter : « Fertilise mes champs, si tu ne veux que je courbe ton front encorné sous le joug d'Europe.

MOSCHUS, *Ep.* VII.

XI

Page 144.

HORACE (*Sat.* II, VI, 80) et ÉSOPE, BABRIUS, LA FONTAINE.

Un rat des champs reçut, dit-on, un jour dans son pauvre trou un rat de ville, vieil hôte, vieil ami. Il était dur à lui-même et ménager de son bien, mais il savait se relâcher de cette économie serrée pour ses amis... il cherchait par la variété des mets à vaincre les dégoûts de son convive qui touchait à chaque plat d'une dent dédaigneuse; il se contentait d'orge et de blé, laissant les morceaux les plus délicats... « Comment peux-tu aimer à vivre au dos de ce mont escarpé : ne préfères-tu pas les hommes et la ville à ces forêts sauvages... » etc. La traduction de Chénier se continue avec la même exactitude.

POËMES

L'INVENTION

Page 149, vers 1.

Le *Mincius* arrose les provinces de Vérone et de Mantoue, avant de se jeter dans le Pô.

Le fils du Mincius est *Virgile*.

Page 150, vers 7.

Qui suit pas à pas son auteur
N'est qu'un valet qui suit son maître.
     Leb. *Ebig.* IV, xviii.

Page 150, vers 16.

La raison.

Aimez donc la raison ; que toujours vos écrits
Empruntent d'elle seule et leur lustre et leur prix.
     Boileau, *Art Poét.*, 1.

Page 150, vers 17.

Horace au début de l'*Art Poétique* exprime la même idée :

... les peintres et les poëtes eurent toujours le droit d'oser, nous le savons et tour à tour nous accordons et nous demandons cette permission, mais non pour que la cruauté s'unisse à la douceur, pour que les serpents s'accouplent aux oiseaux, les agneaux aux tigres...

Page 150, vers 27.

Dans la religion perse, *Ormuz* représente la lumière, *Ariman*, les ténèbres.

Page 152, vers 8.

Chénier veut sans doute parler du *Brutus,* de la *Rome sauvée,* de l'*Œdipe* de Voltaire.

Page 153, vers 14.

Thalès, fondateur de l'école ionienne : les principes des choses sont pour lui l'eau et l'esprit.

Page 153, vers 17.

Torricelli inventa le baromètre, *Newton* trouva les lois de la gravitation, *Kepler* la loi des révolutions planétaires, *Galilée* le mouvement de la terre.

> *J'osai sur la double colline*
> *Allier Lucrèce à Newton.*
>   LEBRUN. *Od.* VI, XXIII.
>
> *Souvent mon vol, armé des ailes de Buffon,*
> *Franchit avec Lucrèce au flambeau de Newton...*
>   CHÉNIER, *Hermès,* III, p. 180, vers 22.

Page 153, vers 24.

BUFFON et ses *Époques de la Nature.*

Cf. LEBRUN. *Od.* V, XVIII : *les Conquêtes de l'homme sur la nature.*

Page 154, vers 6.

Bailly et son *Histoire de l'Astronomie.* Chénier lui avait dédié un poème du même nom.

Page 154, vers 7.

Cassini découvrit plusieurs satellites de Jupiter et de Saturne et détermina la rotation de Mars et de Vénus; son fils au XVIIIe siècle fit un grand travail sur l'Anneau de Saturne et l'inclinaison de ses satellites.

Page 154, vers 9.

Cybèle, déesse de la terre.

Page 155, vers 12.

Céthégus, compagnon de Catilina.

Le mouvement est imité de PÉTRONE, *Satyricon V.*

Page 155, vers 18.

Ce sont *les naumachies.*

Page 155, vers 21.

Les coursiers d'Épidaure étaient renommés.

Page 155, vers 22.

A *Némée,* en Argolide, des jeux étaient célébrés.

L'Élide, dans le Péloponnèse, avait pour villes principales *Olympie* et *Elis,* les athlètes et les coursiers y étaient fameux.

Page 155, vers 25.

Vers de l'*Andromède* que les Abdéritains répétèrent toute une saison, enflammés qu'ils avaient été par le jeu de l'acteur Archélaüs et la poésie d'Euripide.

Page 156, vers 3.

L'*Hélicon,* situé entre la Phocide et la Béotie, était consacré aux Muses.

Page 158, vers 26.

Paros, une des Cyclades dont les carrières de marbre étaient renommées.

Page 159, vers 10.

L'*Apollon du Belvédère.*

Page 159, vers 11.

L'Hercule Farnèse.

Page 159, vers 12.

Laocoon.

Page 159, vers 13.

Moïse de Michel-Ange.

Page 159, vers 28.

Calliope, fille de Jupiter et de Mnémosyne, muse de la poésie héroïque et de l'éloquence

Page 161, vers 7.

Uranie, muse de l'astronomie.

> *Ce que l'on conçoit bien s'énonce clairement,*
> *Et les mots pour le dire arrivent aisément.*
>
> BOILEAU, *Art. Poét.*, 1.

Page 161, vers 18.

Io, aimée de Jupiter et métamorphosée en génisse, fut long-temps poursuivie par un taon, quand Junon voulut la persécuter.

Page 162, vers 11.

DU BELLAY aussi, mais sous une forme plus déguisée, critique les idiomes des peuples voisins qu'on voudrait préférer à la langue française.

Page 163, vers 12.

BOILEAU. *Sat.*, IX :

> *Et ne savez-vous pas que sur ce mont sacré,*
> *Qui ne vole au sommet tombe au plus bas degré.*
> *Et qu'à moins d'être au rang d'Horace ou de Voiture,*
> *On rampe dans la fange avec l'abbé de Pure !*

HERMÈS

DEUXIÈME CHANT

Page 165, vers 5.

Dans l'*Invention*, p. 161, vers 23.

Le poète... *S'agite, se débat, cherche en d'épais bocages*
S'il pourra de sa tête apaiser les orages
Et secouer le dieu qui fatigue son sein.

Page 166.

Chénier a développé la comparaison de Lucrèce, I, 405, sur les chiens qui suivent à la trace le gros gibier.

TROISIÈME CHANT

Page 172, vers 9.

La périphrase rappelle malheureusement celle de Delille ou de Lebrun parlant dans les *Géorgiques* ou dans une *Élégie* (L. III, 11) de *l'animal qui se nourrit de glands*.

Page 172, vers 12.

Chénier songe probablement à Socrate buvant la ciguë.

Page 172, vers 27.

Roucher écrivait de sa prison à Mme L*** :

« Oh ! il ne depend pas ainsi des autres de tourmenter mon âme. Mon corps peut bien leur appartenir quand il leur plaît de s'en saisir; mais mon âme leur échappe. Je l'ai sauvée de la persécution en la plaçant dans la philosophie... »

Page 173, vers 21.

C'est *le buisson ardent* des Écritures.

Page 173, vers 22.

Dieu apparut à Moïse sur le Sinaï dans les éclairs et le tonnerre et Moïse descendit de la Montagne portant les tables de la loi.

Page 173, vers 26.

Légende de la nymphe *Égérie* inspirant le roi Numa.

Page 173, vers 27.

La colombe de Mahomet.

Page 176, vers 11.

Les *Hiéroglyphes*.

Page 176, vers 21.

Il s'agit de *Scylla* que VIRGILE dépeint ainsi (*En.* III, 246); les autres monstres offraient un pareil assemblage de membres disparates, le Sphinx, les sirènes, etc.

Page 179, vers 13.

APOLLONIUS (*Arg.* I, 494) dit qu'autour d'Orphée, même quand il s'était tu, tous ses compagnons restaient immobiles sous le charme.

Page 181, vers 16.

Sujet favori de quelques autres poètes, BERTIN entre autres.

SUZANNE

PREMIER CHANT

Page 184, vers 10.

Idumée, province de Palestine.

Page 184, vers 12.

Le Cantique des Cantiques célèbre Salomon et la fille du roi d'Égypte.

Page 185, vers 2.

Allusion au *Paradis perdu* de MILTON.

TROISIÈME CHANT

Page 189, vers 6.

Sodome, détruite par une pluie de feu.

Page 191, vers 5.

Le *Bétis* est le Guadalquivir.

Page 191, vers 6.

Le *Tanaïs* est le Don.

Page 191, vers 7.

L'*Hyrcanie* bordait d'un côté la Caspienne. Elle appartenait aux Perses.

Page 193, vers 2.

Cook mourut assassiné par les habitants des îles Sandwich, qui l'avaient amicalement reçu à son précédent voyage.

Page 193, vers 13.

Les dernières nouvelles de La Pérouse étaient de 1788.

Page 194, vers 12.

Le poëte... *Seul, chez lui, s'interroge et s'écoute penser.*
(Hermès, ch. 11.)

Page 196, vers 21.

Isabeau de Bavière, reine de France, femme de Charles VI, fou, mère de Charles VII, dont elle trahit les intérêts pour ceux d'Henri V, d'Angleterre.

L'ART D'AIMER

PREMIER CHANT

Page 198.

Tibulle dit, I, iv :
Il a fallu de longs jours pour que les lions obéissent aux hommes, de longs jours pour que l'eau fluide rongeât les rochers...

Vers 12. Cf. *Arcas et Bacchylis,* même idée.

Page 199, vers 11.

Pétrone (*Sat.* cxxvii) dit aussi qu'à la naissance de l'amour de Jupiter les roses et les violettes brillèrent du plus vif éclat.

Page 199, vers 12.

Audaces fortuna juvat.

Page 199, vers 27.

Cathay, contrée septentrionale de la Chine et qui avait pour capitale Pékin.

DEUXIÈME CHANT

Page 201, vers 19.

Il lui prend le miroir, tandis qu'elle est muette et après avoir essayé toutes les mines qui, entre amants, ordinairement forcent le rire...
PÉTR. *Sat.* CXXVIII.

Page 202, vers 8.

J'aime et je hais, disait CATULLE,
  Je l'aime et je la hais.
SHAKESPEARE. *Cymbeline.*

Je crains les Piéges d'Amour,
Je crains tout... jusqu'à ma haine.
LEB. *Od.* IV, xx.

Ce deuxième chant est partagé en deux par les conseils donnés successivement à l'amante et l'amant.

TROISIÈME CHANT

Page 205, vers 19.

Procris, épouse de Céphale qui la tua involontairement à la chasse.

Page 206, vers 1.

Alphée, jeune chasseur, amant d'Aréthuse; la nymphe s'étant métamorphosée en fontaine il fut changé en fleuve.

Page 208, vers 10.

Sestos, ville de Thrace.

Page 208, vers 19.

Éridan, un des noms du Pô.

Page 209, vers 1.

OVIDE, *Art d'aimer,* III, 329, engage les amants à connaître les légendes amoureuses.

Page 209, vers 11.

Pâris, Minerve, Junon et *Vénus.*

Page 209, vers 16.

Syrinx, nymphe d'Arcadie, poursuivie par Pan, fut métamorphosée en roseaux dans les bras du dieu.

Page 209, vers 17.

Daphné, aimée d'Apollon, fut sauvée du dieu par sa transformation en laurier.

Page 209, vers 19.

Médor, dans le *Roland furieux.*

Page 209, vers 22.

Alcine, dans le *Roland furieux.*

Page 210, vers 1.

Le Brun laissa sa *Psyché* inachevée.

LA SUPERSTITION.

Page 211.

La fin du Chant Deuxième de l'*Hermès* devait être consacrée aussi à la superstition.

Page 212.

Alexandre VI, Rodéric Borgia, père de César et de Lucrèce Borgia.

L'ASTRONOMIE

Page 216, vers 22.

Orion, constellation brillante : Diane l'aima pendant sa vie mortelle.

Page 216, vers 26.

La Voie lactée.

Page 217, vers 10.

Cassiopée, mère d'Andromède, devenue après sa mort une constellation.

Page 217, vers 10, 12, 13.

L'Ourse, le Dauphin, la Couronne, l'Aigle, le Cygne, la Lyre, Pégase, le Serpent, noms de différentes autres constellations.

LA FRANCE LIBRE

Page 219.

Allusion à la lettre du cardinal Fleury à l'Académie, quand Montesquieu s'y présenta.

> *Le croiriez-vous, races futures !*
> *J'ai vu Zoïle aux mains impures,*
> *Zoïle outrager Montesquieu.*
> *Mais quand la Parque inexorable*
> *Frappa cet homme irréparable*
> *Nos regrets en firent un dieu.*
>
> LEB. *Od.* I, 1.

LES CYCLOPES LITTÉRAIRES

CHANT PREMIER

Page 222, vers 2.

Car tout parle en mes vers, et même les poissons.
    La Fontaine, *Fables*. L. i. A M. le Dauphin.

Page 223, vers 23.

Pourquoi donc nous faut-il, par un pénible soin,
Sans rien voir près de nous, voyant toujours bien loin,
Vivant dans le passé, laissant ceux qui commencent,
Sans penser, écrivant après d'autres qui pensent,
Retraçant un tableau que nos yeux n'ont point vu,
Dire et dire cent fois ce que nous avons lu ?
          Chénier, *L'Invention*, vers 101.

Page 226, vers 3.

Ces vers sont peut-être à l'adresse de Le Brun ?

CHANT DEUXIÈME

Page 228, vers 15.

Penthée, roi de Thèbes, égorgé par sa mère et ses tantes qui sous l'empire de Bacchus, le prirent pour un lion.

Page 228, vers 22.

C'est peut-être une allusion à Chapelain et à sa *Pucelle*.

Page 229, vers 21.

Horace *(Art poét.)* recommande au poète de finir *tenui deducta poemata filo* et Boileau dit de l'ouvrage :
    Polissez-le sans cesse et le repolissez.
          Art Poét. 1.

Page 230, vers 9.

Le Cimarose (1754-1801), compositeur d'opéras.

Page 230, vers 15.

La Transfiguration de Raphaël.

Page 230, vers 16.

La Flagellation et la Cène du Titien.

Page 234, vers 9.

Comme Boileau distinguait en Chapelain l'homme respectable et le médiocre poète, Lebrun disait :

Car on peut être (et Colardeau l'apprend)
Bon patriote et poète ignorant.

Leb. *Ep.* II, 11.

CHANT TROISIÈME

Page 238, vers 9.

Anticyre, en Phocide, aux environs de laquelle on recueillait l'ellébore en abondance.

Page 239, vers 9.

Mitylène, capitale de Lesbos, ruinée par les Romains, après avoir soutenu Mithridate.

Page 239, vers 10.

Alcée de Mitylène s'attira le courroux du tyran Pittacus qui l'exila, et combattit sa patrie jusqu'au jour où il vint y mourir.

Page 239, vers 23.

Phlégéton, fleuve des enfers, qui roulait des flammes.

Page 241, vers 18.

Le vieillard de Téos, *Anacréon*.

Page 241, vers 22.

Polycrate, tyran de Samos, protecteur des lettres, attira à sa cour Anacréon.

Page 243, vers 10.

CHÉNIER, à la fin de la *IVe élégie* exprime le même vœu :

> ... *Et quand la mort viendra, qu'une amante fidèle,*
> *Près de vous désolée, en accusant les dieux,*
> *Pleure, et veuille vous suivre, et vous ferme les yeux.*

Page 243, vers 12.

Sulmo, en Italie, patrie d'Ovide.

Page 243, vers 24.

Gallus, chevalier romain, ami de Virgile, qui lui dédia sa Xe *Églogue*, se tua en 26 av. J.-C.

THÉATRE

II

Page 255.

Traduction d'un passage des *Thesmophories* d'Aristophane.

Nous appelons habituellement parmi nous Pallas, cette vierge qui aime les danses, libre de tout époux, protectrice de la cité, et qu'on nomme porte-clef. Parais, toi l'ennemie des tyrans : l'assemblée des femmes t'appelle : viens avec la Paix favorable aux jeux. Venez encore, déesse, avec joie et avec des sentiments propices dans votre temple où les hommes ne peuvent contempler vos fêtes éclatantes et où parmi les flambeaux vous montrez votre figure immor-

telle. *Venez, venez, nous vous supplions, ô vénérables Thesmophores. Si jamais exauçant nos prières, vous êtes venues à nous, écoutez-nous aujourd'hui surtout, nous vous le demandons en grâce.*

IV

Page 259.

Cf. Clitandre à Trissotin *(Femmes Savantes)*.

V

Page 262.

Cf. le retour d'Ulysse dans *l'Odyssée* (XXII).

POÉSIES DIVERSES

III

Page 270, vers 1.

Procuste, brigand de l'Attique qui étendait ses victimes sur un lit de fer et allongeait ou raccourcissait leur taille. Thésée le fit périr ainsi.

TABLE

TABLE

Préface.................. i

Bibliographie............... xxix

POÉSIES ANTIQUES. — ÉTUDES

I.	L'Aveugle................	3
II.	Le Mendiant...............	13
III.	Œta, mont ennobli...........	26
IV.	Sur un groupe de Jupiter et d'Europe....	27
V.	Cette île chère aux dieux.........	31
VI.	Un jeune homme fou par amour......	33
VII.	Aux déserts de Barca...........	34
VIII.	Vois dans les champs de Thrace......	35
IX.	Invocation à la Poésie..........	36
X.	Bacchus, sous ces forêts.........	39
XI.	J'apprends, pour disputer........	40

XII.	Là, du sage Minos...	40
XIII.	Tirésias voudrait...	41
XIV.	Bacchus se déguisait...	42
XV.	L'une, agitant le thyrse...	43
XVI.	Vénus, quelle déesse...	43

ÉLÉGIES ANTIQUES

I.	Le Jeune Malade.	47
II.	Néere.	52
III.	La Jeune Tarentine.	54
IV.	Chrysé.	55
V.	Amymone.	56
VI.	L'Esclave.	58
VII.	Épitaphe.	62
VIII.	Tu gémis sur l'Ida...	63
IX.	Fuis, ne me livre point...	64
X.	Dryas.	65

IDYLLES

I.	La Liberté.	69
II.	Mnazile et Chloé.	77
III.	Daphnis, Naïs..	79
IV.	J'étais un faible enfant...	87
V.	Arcas et Bacchylis.	90
VI.	Lydé.	92
VII.	... Vous savez ou bien venez apprendre...	96
VIII.	Les Navigateurs.	98

ÉGLOGUES

I.	Loin des bords trop fleuris...	105

II.	Jeune fille, ton cœur...	106
III.	Bacchus.	107
IV.	Ah! ce n'est point à moi...	109
V.	Toujours ce souvenir...	110
VI.	Fille du vieux pasteur...	110
VII.	Tiré de Thomson.	111
VIII.	Accours, jeune Chromis...	111
IX.	... joue et folâtre et tire...	112
X.	Toi de Mopsus ami...	113
XI.	A compter nos brebis...	115
XII.	Que les deux beaux oiseaux...	116
XIII.	Comme aux jours de l'été...	117
XIV.	Il va chanter; courons...	118
XV.	Les esclaves d'amour...	119
XVI.	Blanche et douce colombe...	119
XVII.	Salut aube au teint frais...	121
XVIII.	O quel que soit ton nom...	122
XIX.	Je sais quand le midi...	122
XX.	Ma muse échevelée...	123
XXI.	Près des bords où Venise...	124
XXII.	Vous du blond Anio...	125
XXIII.	Allons chanter, assis...	125
XXIV.	Et vos blanches toisons...	126
XXV.	Le Bouvier.	127
XXVI.	Ma muse fuit les champs...	128
XXVII.	Allons, muse rustique...	128
XXVIII.	A une Anglaise.	130
XXIX.	Docte et jeune Cosway...	130
XXX.	Un frais zéphyr d'été...	131
XXXI.	Épilogue.	133

TRADUCTIONS

I.	Tiré d'Oppien.	137
II.	Traduction de Sappho.	138
III.	Médée.	138
IV.	Traduction de Bion.	139
V.	Traduction de Bion.	140
VI.	Traduction de Platon.	141
VII.	Traduction de Théocrite.	141
VIII.	Traduction de Evenus de Paros.	142
IX.	Traduction de Mnaïs.	142
X.	Traduction de Moschus.	143
XI.	Traduction d'Horace.	144

POÈMES

L'Invention. 149
Hermès. Chant premier. 164
       Chant deuxième. 165
       Les Causes. 166
       La Religion. 166
       (Le Mariage?). 167
       Chant troisième. 168
       Morale. 168
       Législation. 168
       Politique. 171
       Invention des Sciences. 175
       Système du Monde. 178
Suzanne. Chant premier. 184
       Chant deuxième. 187
       Chant troisième. 188

Chant quatrième..................	189
Chant cinquième..................	190
Chant sixième....................	190
Amérique. Géographie............	191
Épisodes......................	192
Henri V......................	195
L'Art d'Aimer. Chant premier...........	198
Chant deuxième.............	200
Chant troisième............	204
La Superstition.......................	211
L'Astronomie.........................	215
La Reconnaissance.....................	218
La France Libre......................	219
Les Cyclopes Littéraires. Chant premier...	221
Chant deuxième.......	227
Chant troisième.......	234

THÉÂTRE

I.	*Fragments de Comédie.* Prologue..........	251
II.	Maintenant, la loi sacrée....	255
III.	Le Charlatan (?).....	256
IV.	Et, non, non, non. Mais....	259
V.	Ulysse et les Prétendants..	262

POÉSIES DIVERSES

I.	La Frivolité.................	267
II.	Conte.......................	268
III.	Secrets observateurs......	269
IV.	Pour entendre ce chœur...	270

V.	Voyez rajeunir d'âge en âge..	272
VI.	Des monts du Beaujolais...	273
VII.	Des vallons de Bourgogne	273
VIII.	Sur le Rhin.	274
IX.	La Seine.	274
X.	Stances sur *le Catéchisme français*.	277

NOTES. 279

Achevé d'imprimer

le premier mai mil huit cent quatre-vingt-dix-neuf

PAR

ALPHONSE LEMERRE

6, RUE DES BERGERS, 6

A PARIS

PETITE BIBLIOTHÈQUE LITTÉRAIRE
(AUTEURS CONTEMPORAINS)

Volumes petit in-12 (format des Elzévirs)
imprimés sur papier vélin teinté
Chaque volume : 5 francs ou 6 francs

Chaque œuvre est ornée d'un portrait gravé à l'eau-forte.

ANDRÉ CHÉNIER. Œuvres poétiques. Notice et notes par RAOUL GUILLARD. 2 vol. avec portrait.	12 fr.
LÉON CLADEL. *Le Bouscassié*. 1 vol. avec portrait.	6 fr.
— *La Fête votive*. 1 vol.	6 fr.
— *Les Va-nu-pieds*. 1 vol.	6 fr.
— *Celui de la Croix-aux-Bœufs*. 1 vol.	6 fr.
— *Titi Foÿssac IV*. 1 vol.	6 fr.
— *N'a-Qu'un-Œil*. 1 vol.	6 fr.
— *Kerkadec, garde-barrière*. 1 vol.	6 fr.
— *Urbains & Ruraux*. 1 vol.	6 fr.
JULES CLARETIE. *Robert Burat*. 1 vol. avec portrait.	6 fr.
BENJAMIN CONSTANT. *Adolphe*. Préface par A. FRANCE. 1 vol. avec portrait.	5 fr.
FRANÇOIS COPPÉE. Poésies. 5 volumes. Chaque vol.	5 fr.
— Théâtre. 5 volumes. Chaque volume.	5 fr.
— Prose. 5 volumes. Chaque volume.	5 fr.
PAUL-LOUIS COURIER. *Pamphlets et Lettres politiques*, avec notice et notes par F. DE CAUSSADE. 1 v. avec portrait.	6 fr.
ALPHONSE DAUDET. *Lettres de mon Moulin*. 1 vol. avec portrait.	6 fr.
— *Le Petit Chose*. Histoire d'un enfant. 1 vol.	6 fr.
— *Contes du Lundi*. 1 vol.	6 fr.
— *Fromont jeune et Risler aîné*. 1 vol.	6 fr.
— *Jack*. 2 vol.	12 fr.
— *Les Femmes d'Artistes.— Robert Helmont*. 1 v.	6 fr.
— *Numa Roumestan*. 1 vol.	6 fr.
— *Tartarin de Tarascon*. 1 vol.	6 fr.
— *Sapho*. 1 vol.	6 fr.
— *Le Nabab*. 2 vol.	12 fr.
— *Les Rois en Exil*. 1 vol.	6 fr.
— *Les Amoureuses*. 1 vol.	6 fr.
— *L'Évangéliste*. 1 vol.	6 fr.
— *Tartarin sur les Alpes*. 1 vol.	6 fr.
— *Trente Ans de Paris*. 1 vol.	6 fr.
— *Théâtre*. 1 vol.	6 fr.

www.ingramcontent.com/pod-product-compliance
Lightning Source LLC
Chambersburg PA
CBHW060053190426
43201CB00034B/1333